KB000365

조선시대 재상
이원익의
관직 활동

조선시대 재상
이원익의
관직 활동

초판 1쇄 인쇄 2023년 11월 13일
초판 1쇄 발행 2023년 11월 20일

—

기 획 한국국학진흥원
지은이 이정철
펴낸이 이방원

책임편집 박은창   **책임디자인** 박혜옥
마케팅 최성수·김 준   **경영지원** 이병은

—

펴낸곳 세창출판사
　　신고번호 제1990-000013호 주소 03736 서울특별시 서대문구 경기대로 58 경기빌딩 602호
　　전화 02-723-8660 팩스 02-720-4579 **이메일** edit@sechangpub.co.kr **홈페이지** http://www.sechangpub.co.kr
　　블로그 blog.naver.com/scpc1992 **페이스북** fb.me/Sechangofficial **인스타그램** @sechang_official

—

ISBN 979-11-6684-263-4 94910
　　　979-11-6684-259-7 (세트)

한국국학진흥원 전통생활사총서 4

조선시대 재상
이원익의
관직 활동

이정철 지음
한국국학진흥원 기획

세창출판사

한국국학진흥원에서는 2022년부터 문화체육관광부의 지원으로 전통생활사총서 사업을 기획하였다. 매년 생활사 전문 연구진 20명을 섭외하여 총서를 간행하기로 했다. 올해 나온 20권의 본 총서가 그 성과이다. 우리 전통시대의 생활문화를 대중에 널리 알리고 공유하기 위한 여정이 시작된 것이다.

한국국학진흥원은 국내에서 가장 많은 민간기록물을 소장하고 있는 기관으로, 그 수는 총 62만 점에 이른다. 대표적인 민간기록물로 일기와 고문서가 있다. 일기는 당시 사람들의 일상을 세밀하게 이해할 수 있는 생활사의 핵심 자료이다. 고문서는 당시 사람들의 경제 활동이나 공동체 운영 등 사회경제상을 이해할 수 있는 자료이다.

한국의 역사는 『조선왕조실록』이나 『승정원일기』와 같이 세계적으로 자랑할 만한 국가기록물의 존재로 인해 중앙을 중심으로 이해되어 왔다. 반면 민간의 일상생활에 대한 이해나 연구는 관심을 덜 받았다. 다행히 한국국학진흥원은 일찍부터 민간에 소장되어 소실 위기에 처한 자료들을 수집하고 보존처리를 통해 관리해 왔다. 또한 이들 자료를 번역하고 연구하여 대중에 공개했다. 그리고 이러한 민간기록물을 활용하고 일반에 기여할 수 있는 방법으로 '전통시대 생활상'을 대중서로 집필하는 방식을 통해 생생하게 재현하여 전달하고자 했다. 일반인이 쉽게 읽을 수 있는 교양학술총서를 간행한 이유이다.

총서 간행을 위해 일찍부터 생활사의 세부 주제를 발굴하는 전문가 자문회의를 개최하고, 전통시대 한국의 생활문화를 가장 잘 구현할 수 있는 핵심 키워드를 선정하였다. 전통생활사 분류는 인간의 생활을 규정하는 기본 분류인 정치·경제·사회·문화로 지정하였다. 이를 기반으로 매년 각 분야에서 핵심적인 키워드를 선정하여 집필 주제를 정했다. 금번 총서의 키워드는 정치는 '관직생활', 경제는 '농업과 가계경영', 사회는 '가족과 공동체 생활', 문화는 '유람과 여행'이다.

분야마다 5명의 집필진을 해당 어젠다의 전공자로 구성하였다. 서술은 최대한 이야기체 형식으로 다양한 사례를 풍부하게 녹여 달라고 요청하였다. 특히 어디서나 간단히 들고 다니며 읽을 수 있도록 쉽게 서술해 줄 것을 부탁하였다. 그러면서도 본 총서는 전문연구자가 집필했기에 전문성 역시 담보할 수 있다.

물론 전문적인 서술로 대중을 만족시키기는 매우 어렵다. 그래서 원고 의뢰 이후 5월과 8월에는 각 분야의 전공자를 토론자로 초청하여 2차례의 포럼을 진행하였다. 11월에는 완성된 초고를 바탕으로 1박 2일에 걸친 대규모 학술대회를 개최하였다. 포럼과 학술대회를 바탕으로 원고의 방향과 내용을 점검하는 시간을 가졌다. 원고 수합 이후에는 책마다 전문가 3인의 심사의견을 받았다. 2023년에는 출판사를 선정하여 수차례의 교정과 교열을 진행했다. 책이 나오기까지 꼬박 2년의 기간이었다. 짧다면 짧은 기간이다. 그러나 2년의 응축된 시간 동안 꾸준히 검토 과정을 거쳤고, 토론과 교정을 진행하며 원고의 완성도를 높이기 위해 분주히 노력했다.

전통생활사총서는 국내에서 간행하는 생활사총서로는 가장 방대한 규모이다. 국내에서 전통생활사를 연구하는 학자 대부분을 포함하였다. 2022년도 한 해의 관계자만 연인원 132명에 달하는 명실공히 국내 최대 규모의 생활사 프로젝트이다.

1990년대 이후 폭발적으로 증가했던 일상생활사와 미시사 연구는 근래에는 학계의 관심이 소홀해진 상황이다. 본 총서의 발간이 생활사 연구에 다시 활력을 불어넣는 계기가 되기를 기대한다. 연구의 활성화는 연구자의 양적 증가로 이어지고, 연구의 질적 향상 또한 이끌 것이다. 그렇게 된다면 전통문화에 대한 대중들의 관심 역시 증가할 것으로 기대된다.

본 총서는 한국국학진흥원의 연구 역량을 집적하고 이를 대

중에게 소개하기 위해 기획된 대표적인 사업의 하나이다. 참여한 연구자의 대다수가 전통시대 전공자이며, 앞으로 수년간 지속적인 간행을 준비하고 있다. 올해에도 20명의 새로운 집필자가 각 어젠다를 중심으로 집필에 들어갔고, 내년에 또 20권의 책이 간행될 예정이다. 앞으로 계획된 총서만 80권에 달하며, 여건이 허락되는 한 지속할 예정이다.

대규모 생활사총서 사업을 지원해 준 문화체육관광부에 감사하며, 본 기획이 가능하게 된 것은 한국국학진흥원에 자료를 기탁해 준 분들 덕분이다. 이 자리를 빌려 그분들께 다시 한번 감사드린다. 아울러 총서 간행에 참여한 집필자, 토론자, 자문위원 등 연구자분들께도 감사 인사를 전한다. 책의 편집을 책임진 세창출판사에도 감사드린다. 이 모든 과정은 한국국학진흥원 여러 구성원의 노력이 있었기에 가능했다.

2023년 11월
한국국학진흥원 연구사업팀

차례

조선시대 재상은 조정의 최고위 정치 및 행정 책임자이다. 정1품부터 종9품까지 전체 관직 체제에서 의정부와 육조의 2품 이상 관직자들이다. 의정부·육조의 종2품 관직은 6조 참판, 한성부 좌윤·우윤, 대사헌, 개성·수원·강화·광주부 최고위 관직인 유수留守, 각 도道 행정과 군사를 담당한 관찰사·병마절도사 등이다. 이들과 같은 품계나 그 이상 품계의 관직자들이 재상의 모집단이다.

재상의 관직 생활, 혹은 정치 활동은 어떤 모습일까? 흥미로운 주제이기는 하지만, 조금만 생각하면 그 일반적 모습을 그려내기가 쉽지 않음을 금방 알 수 있다. 재상은 위로는 임금을 섬기고 아래로는 백성 위에 있는 존재이다. 하급 관료는 명령받은 바, 관직과 관련해서 규정된 임무를 수행하는 존재들이지만 재상은 그렇지 않다. 재상은 누릴 수 있는 자율성의 폭이 크다. 더구나 재상은 시대에 따라서 그 구체적인 활동 내용이 크게 다르다. 때문에 재상의 관직 및 정치 활동을 조선시대 전체를 범위로 하여 일반화하기는 쉽지 않다.

조선시대 재상의 관직 및 정치 생활을 일반화하기 어렵다 해도, 그들에 대한 우리의 이해를 지금처럼 무지한 상태 그대로 내버려 눌 수는 없다. 왜냐하면 재상은 조선왕조의 정치에서 핵심을 이루는 존재이기 때문이다. 그들이야말로 조선시대 중앙 정치의 주요한 플레이어였다. 따지고 보면 조선왕조실록은 주로 왕과 재상들의 이야기이다. 우리가 이름을 알고 있는 조선시대 인물 대부분이 사실은 재상 지위에 있던 이들이다. 이들을 모르고서는 조선시대 자체를 이해하기 어렵다.

조선시대 재상의 정치와 행정 활동에 대해 알기 어려운 또 하나의 이유가 있다. 아래에서 우리가 살펴볼 이원익李元翼(1547-1634)과 관련해서 한 사례를 보자. 이원익을 존경하고 그와 가까웠던 정엽鄭曄(1563-1625)이 어느 날 신흠申欽(1566-1628)에게 "완평(이원익)은 학문이 부족한 것이 유일한 단점"이라고 말했다. 그러자 신흠은 정엽의 말을 반박하며 이원익의 학문은 글이 아닌 행동으로 하는 것이라고 말했다. 신흠 자신이 조선시대에 '한문 4대가'로 불릴 정도로 문장과 학식에 정통한 사람이다. 그는 또 이원익과 함께 종묘宗廟의 인조仁祖 묘정廟庭에 배향된 인물이다. 인조의 배향 공신은 모두 7인인데 인조의 동생 한 사람과 반정공신 4인을 제외하면 두 사람만 반정 이외의 공적으로 배향되었다.

조선시대 재상들의 정치와 행정 활동을 이해하는 것도, 기본적으로는 그들이나 그들과 관련이 있는 이들이 남긴 글을 사료史料로 삼아야 가능하다. 그런데 이들이 남긴 글 중에 국정 운영에 대한 것은 생각보다 많지 않다. 행정에서 중요한 역할을 담당했던 인물들도 그들의 문집은 그 활동이 아닌 다른 내용들로 채워져 있다. 문집을 구성하는 범주들로 시詩, 서書(편지), 소차疏箚, 잡저雜著, 묘표墓表, 시장諡狀 등이 있는데, 대개 정치와 행정 활동에 대한 내용을 많이 담은 것은 소차 정도뿐이다. 소차는 신하가 왕에게 직접 올리는 글이다. 물론 시, 서 역시 정치나

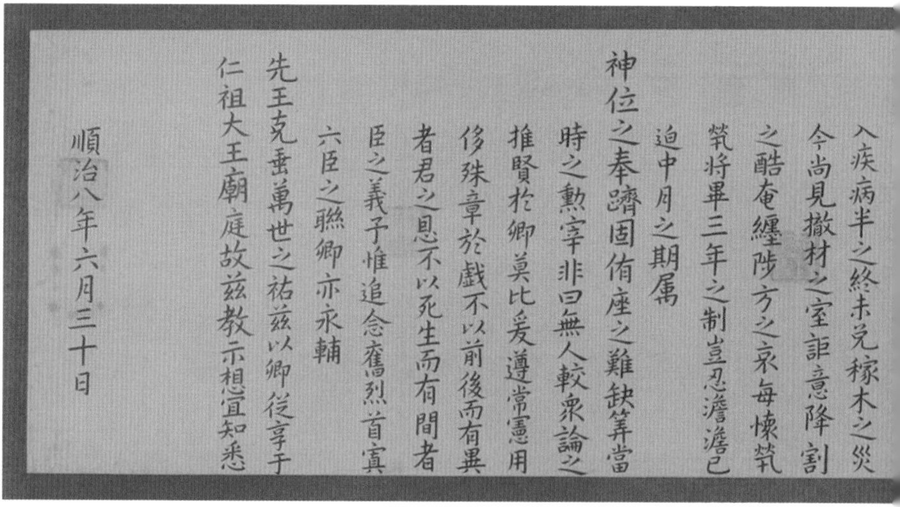
入疾病半之終未免稼木之災
今尚見撤材之室詎意降割
之酷奄纏陟方之哀每懷筭
筭將畢三年之制豈忍澹澹已
迫中月之期屬
神位之奉躋固侑座之難缺筭當
時之勳宰非曰無人較衆論之
推賢於卿莫比爰遵常憲用
侈殊章於戲不以前後而有異
者君之恩不以死生而有間者
臣之義予惟追念奮烈首寘
六臣之聯卿亦永輔
先王克垂萬世之祐茲以卿從享于
仁祖大王廟庭故茲教示想宜知悉
順治八年六月三十日

그림 1 이원익, 「인조묘정배향교서」, 충현박물관

행정 활동과 관련이 있기는 하지만 그 관련성이 직접적이지는 않다. 오히려 시, 서는 작자가 평생 맺은 인간관계나 문학을 보여 준다. 요컨대, 재상의 정치와 행정 활동에 대한 평가가 쉽지 않은 것은 그와 관련된 직접적 자료가 많지 않기 때문이다. 위에서 정엽은 이원익과 가까운 사이이고, 이원익의 국정 운영에 대해서는 높게 평가했지만 정작 그의 문필이 뛰어나지 않음을 아쉬워했다.

  앞으로 조선시대 재상의 모습을 포착하기 위해서 이원익에 대해서 살펴보려 한다. 조선시대 재상의 모습을 포착하기 위해 이원익에 주목한 것에는 우선 두 가지 이유가 있다. 첫째, 그는 거의 40년 가까이 전·현직 재상으로 있었다. 조선시대에 많은 재상이 있었지만 재상 재임 기간이 이원익보다 긴 사람은 거의 찾아보기 어렵다. 긴 재상 재임 기간은 재상으로서 처신하고 활동했던 다양한 내용을 볼 수 있게 해 준다. 둘째, 이원익이 재상으로 재임했던 기간은 조선시대 다른 시기와 비교할 수 없이 많은 일과 사건이 벌어졌던 시기이다. 그는 임진왜란 발발 직전에 재상이 되었고, 정묘호란 종결 후에 사망했다. 평화로운 시기의 재상은 사실 크게 주목되지 않는다. 일상적 업무는 재상 이하의 관리들이 처리했기 때문이다. 이원익은 조선이 가장 어려운 시기에 재상에 재직하면서 재상 활동의 여러 측면을 잘 보여 주었다.

1

관리가 되어
두각을 나타내다

이원익의 가계家系

   이 글의 목적은 조선시대 재상의 정치·행정 활동에 대해서 살펴보는 것이다. 이것을 위해서 우리는 이원익이라는 인물을 선택했다. 따라서 이 글의 핵심 내용은 이원익이 재상 지위에 오른 이후 어떤 활동을 했는가가 되어야 할 것이다. 이를 위해서는 간략히라도 이원익의 출생, 성장과 교육 과정, 과거시험과 하급 관리 시절에 대해서도 알 필요가 있다. 재상 이원익이 어느 날 갑자기 등장할 수는 없기 때문이다.

   이원익은 조선 3대 왕 태종의 후손이다. 태종은 본부인과의 사이에서 4인의 대군大君과 4인의 공주公主를 낳았고, 후궁後宮과의 사이에서 8인의 군君과 13인의 옹주翁主를 낳았다. 8인의 군왕자 중 막내가 익령군益寧君 치袳이다. 이 사람이 바로 이원익의 4대조 할아버지, 즉 고조할아버지이다. 익령군의 아들은 수천군秀泉君 정은貞恩으로, 이원익에게 증조할아버지가 된다. 그는 음악에 상당한 조예를 가지고 있었다. 수천군의 아들이자 이원익의 할아버지는 청기군靑杞君 표彪이고, 다시 그의 아들이 이원익의 아버지 함천군咸川君 억재億載이다. 함천군도 스스로 작곡을 할 정도로 음악에 조예가 있었다.

이원익의 고조할아버지부터 아버지까지는 군호君號를 받았다. 군호를 가졌다는 것은 종친宗親에 포함된다는 뜻이다. 종친이란 왕실의 일원, 왕의 친척이라는 뜻이다. 조선시대에 종친은 군호를 받는 대신 법으로 과거 응시가 금지됐다. 과거 응시 자격이 없다는 말은 관직에 나갈 수 없다는 뜻이다. 조선왕조는 종친과 외척, 즉 왕의 외가 인물들에 대해서 정치 참여를 엄격히 금지했다. 조선왕조가 왕실 구성원의 정치 참여를 원칙적으로 금지한 것은, 같은 왕조 국가인 청나라와 비교해도 대단히 다른 모습이다. 오히려 청나라는 왕실 인원의 정치 참여가 활발했다. 왕실 인원의 정치 참여 금지는 조선왕조의 특징이다.

조선은 왕실 인원과 외척의 정치 참여를 엄격하게 억제했고, 과거시험을 통과한 양반들이 정치를 주도했다. 외척이란 왕비 쪽 친척을 말한다. 조선이 종실과 외척의 정치 참여를 금지한 이유는 정치의 '공공성公共性'을 위한 것이었다. 예를 들어 보자. 관직官職은 공직公職이다. 공직을 수행하기 위해서는 일정한 자격을 갖추어야 했다. 그것이 과거시험이다. 또 관리가 된 이후에도 자신이 행한 공무에 대해서 책임을 져야 했다. 그런데 왕실 인원이나 외척이라고 해서 자질이 부족한 사람이 관리가 되고, 그가 했던 일에 문제가 생겨도 책임을 지지 않는다면 국가 운영에 문제가 생길 수밖에 없다. 이를 방지하기 위해서 애초부터 조선은 종실 사람이 관리가 될 수 없도록 규제했다.

이런 정치적 관행 때문에 종친들이 할 수 있는 사회 활동은 대개 문화예술 방면에 제한되었다. 수천군 이래 함천군까지 모두 음악에 조예가 있었던 것은, 기본적으로 이런 조건에서 비롯되었다. 집안 대대로 내려오던 음악적 분위기 덕분에, 이원익도 평생 거문고를 즐겼고 음악에 조예가 깊었다.

왕실의 구성원은 왕자의 4대 손자에서 끝이 났다. 즉 왕자의 4대 손자가 되면 더 이상 왕실 일원이 아니라고 규정했다. 이를 '친진親盡'이라 했다. 이원익은 왕자의 4대손, 즉 현손玄孫이다. 이것은 그 자신에게, 그의 집안에, 그리고 당시 조선에 중요한 의미를 지닌다. 우선 그는 집안에서 처음으로 과거시험을 볼 자격을 얻었다. 그가 왕자의 현손이라고 해서 과거시험에서 유리

그림 2 ▲ 탄금암, ▼ 탄금암 탁본.
'바위 위에서 거문고를 연주했다' 하여 '탄금암彈琴岩'이라고 한다.

했던 것은 아니다. 관리가 된 이후 왕자의 현손이라고 하여 승진이 빨랐던 것도 아니다. 하지만 그가 재상이 되었을 때 그가 왕자의 4대손이라는 사실은 그의 정치 활동에 영향을 미쳤다.

조선시대에는 이원익 같은 왕실 후예 재상들이 있었다. 이들 중에서도 이름이 알려진 사람으로 이수광李睟光(1563-1628), 이경여李敬輿(1585-1657), 이경석李景奭(1595-1671) 같은 인물들을 들 수 있다. 현재까지 왕실 후예 출신 재상들에 대한 연구가 이루어지지는 않았다. 하지만 위 인물들에서 볼 수 있듯이 이들은 비슷한 이미지를 띠고 있는 것을 느낄 수 있다. 이원익을 통해서 왕실 후예 출신 재상들의 모습도 볼 수 있을 것이다.

이원익의 출생, 교육, 입사入仕

조선왕조 수도 한성은 5개 행정구역인 동·서·남·북·중 5부部로 나뉘었고, 그 아래 52방坊을 두었다. 오늘날 서울이 행정단위인 '구'가 있고, 그 아래 '동'이 있는 것과 같다. 이원익은 1547년(명종 3) 10월 24일 한성 동부 유동楡洞 천달방泉達坊에서 태어났다. 현재의 서울시 종로구 동숭동에 해당하는 지역이다. 관직 생활을 함께했던 그의 선배에 해당하는 대표적인 인물로 이이

李珥(1536-1584)와 류성룡柳成龍(1542-1607)을 들 수 있다. 이이는 이원익보다 11살, 류성룡은 5살이 많다. 또 그보다 2살이 많은 이순신李舜臣(1545-1598)이 있다. 이원익은 임진왜란 중에 이순신과 가까운 관계를 유지했을 뿐만 아니라, 그를 정치적으로 보호하기 위해서 몹시 애를 썼다. 여기에 대해서는 뒤에서 서술한다.

이원익은 13세에 오늘날 서울시 지하철 4호선 동대문역 앞에 있는 홍인지문공원 자리에 있던 동부학당에 입학했다. 동부학당은 서울의 4부학당 중 하나로, 성균관에 입학하기 전 교육을 담당하는 기관이었다. 서울의 4부학당은 지방에 있는 향교鄕校에 해당한다. 1563년(명종 18) 이원익은 17세에 진사 시험 초시(1차 시험)에 합격했지만 시험 자체가 무효가 되고 말았다. 그래서 다음 해 1564년 봄에, 이번에는 생원 시험 초시를 다시 보아서 합격했고, 가을에 최종 시험에 합격했다. 당시 관례대로 그는 그해 겨울에 성균관에 입학했고, 5년 후인 1569년(선조 2) 23세에 문과에 급제하여 승문원承文院 권지權知에 배치되었다.

승문원은 국가의 외교문서 작성을 담당하던 기관이다. 과거 급제자들 중에서 어리고 총명한 합격자를 주로 뽑았다. 권지란 오늘날로 말하면 시보試補에 해당한다. 문무과 합격자 중에서 1, 2, 3등에게는 합격과 동시에 현직의 자리가 주어졌지만, 나머지는 권지로 어느 정도 재직하다가 나중에 관직을 배정받았다. 그는 승정원 권지에서 종9품직인 승정원 부정자_{副正字}에 배정됨으로써 관직 생활을 시작했다. 그는 서울에서 출생해서 성장하고 교육받아 비교적 이른 나이에 관직 생활을 시작했다.

이원익의 중국어 실력

사소해 보이지만, 이원익의 승문원 재직 시절과 관련해서 그의 중국어 학습 태도와 실력을 언급할 필요가 있다. 이는 이원익 개인의 인간적 면모와 관련되고, 그가 재상이 되었을 때 직책을 수행하는 것과도 관련이 된다.

승문원부정자 시절 이원익은 중국어 공부를 열심히 했다. 이미 말했듯이 승문원은 조정의 외교문서를 담당하는 기관이다. 조선의 외교에서 가장 중요한 나라는 역시 명나라였다. 명나라와 조선이 다 같이 한자를 썼다. 때문에 조선의 식자층은 비록 말로 중국인과 소통할 수 없어도 필담_{筆談} 형식으로는 충분히 의사소통이 가능했다. 하지만 더욱 원활한 의사소통을 위해서, 말로 하는 의사소통이 필요했던 것은 당연하다. 이런 이유로 승문원에서는 젊은 관원 5명을 뽑아서 중국어를 가르쳤다. 사실 이원익뿐 아니라, 임진왜란 때 영의정으로 전쟁을 총지휘했던

류성룡이나 후일 인조 대 대신인 최명길崔鳴吉(1586-1647), 이경석
李景奭(1595-1671) 등도 통역관 이상의 중국어 실력을 가졌다. 이
원익은 젊은 관원 5명에 뽑혀서 중국어 교육을 받았다.

그런데 당시 젊은 문신들 사이에서는 중국어 배우는 것을
그다지 중요치 않게 여기는 분위기가 강했다. 아마도 중국어 실
력이 관리로서의 출세에 별 도움이 되지 않았기 때문일 것이다.
그 결과 임금이 몸소 중국어 시험을 보일 때마다 이원익은 언제
나 가장 우수한 성적으로 상을 받곤 했다. 그가 중국어를 열심
히 배웠던 것이 앞날을 내다보았기 때문일 리는 없다. 그는 약
삭빠르지 않은 모범생 타입의 인물이었다. 이원익의 중국어 실
력과 인품을 보여 주는 다음과 같은 일화가 전해진다.

이원익은 1573년(선조 6)에 성절사聖節使 사신단의 질정관質正
官으로 명나라 수도 연경燕京에 갔다. 지금의 중국 베이징이다.
성절사란 중국 황제와 황후의 생일을 축하하기 위해 조선이 매
년 파견했던 사신이다. 질정관은 특정 사안에 대해 중국 정부에
질의하거나 해명하는 일을 담당했는데 사헌부·사간원 등 언관
직과 6조에 속한 총명한 하급 관리 중에서 선발했다. 연경으로
향하는 길에 강물을 건너게 되었다. 사신이 외국에 가는 길이니
당연히 역관, 즉 통역관이 동행했다. 역관들도 맨발로 이원익
이 탄 가마를 메게 되자 중국어로 불평을 했다고 한다. 아마도

'어린 놈 가마까지 메야 하다니!' 정도의 말이었으리라. 당시 이원익은 27세였다. 그들은 당연히 다른 관리들처럼 이원익도 중국어를 모른다고 생각했을 것이다. 이원익은 못 알아듣는 척했다. 사실, 역관들 불평이 그렇게 탄할 말도 아니었다.

사신단 일행이 연경에 있으면서 문제가 생겼다. 역관들이 이익을 보려고 사적으로 가져온 물품이 너무 많아서 명나라 법에 저촉되었던 것이다. 이 때문에 연경에서 여러 날을 지체하게 되었다. 이렇게 되자 사신단 일정과 체류 경비에 문제가 생길 수밖에 없었다. 그러자 이원익은 외국 사신 업무를 담당하는 부서인 명나라 예부禮部에 찾아가서 조목조목 사정 이야기를 했다. 사신단의 하급 관리가 예부를 찾아가서 개인적으로 문제 해결을 시도한 것은 이전에 한 번도 없었던 일이다. 이것은 중국어 실력은 물론이고 두둑한 배짱도 필요한 일이었다. 게다가 그가 굳이 나서지 않아도 될 일이었다. 그럼에도 이원익은 명나라 측 담당 책임자에게 다가갔고 묻고 대답하는 것 또한 너무도 훌륭했다. 그 결과 이원익이 부탁한 대로 문제가 원만하게 해결되었다. 이를 지켜본 역관들은 깜짝 놀라고 두려워하지 않을 수 없었다. 하지만 이후에도 이원익은 이들 역관을 대함에 전과 다름이 없었다. 이 일 때문에 귀국한 이후에도 역관들은 세시歲時가 되면 늘 모여서 이원익에게 인사를 왔다. 많은 세월이 지난

후에도 그치지 않는 역관 또한 있었다고 한다.

이원익의 유창한 중국어 실력은 후일 중요한 역할을 했다. 임진왜란 때 그는 명나라 장수들을 상대로 뛰어난 중국어 실력을 발휘하며 전쟁을 이끌었다. 명나라 군사가 조선에 나오고 양국 사신의 왕래가 빈번했는데, 역관들의 통역 수준은 높지 못했다. 이들이 이해하는 중국어의 수준이 "춥고 더운 것을 말하는 인사 정도"뿐이라 피차의 뜻이 백에 하나도 통하지 못했다고 한다. 당연한 일이다. 말이란 말하는 사람의 지식과 인식 수준을 넘어설 수 없다. 중국어를 할 줄 알아도 국정 운영을 알지 못하는 역관이 중국의 장수 및 고위 관료들과 제대로 된 의사소통을 할 수는 없었다. 이때 이원익은 평안감사로 지내며 중국 사람들을 응접하고 의사소통하는 데 조금도 막힘이 없었다.

황해도도사道事 시절

이원익은 1574년(선조 7년) 9월에 황해도도사에 임명되었다. 도사는 각 도에서 순찰사와 함께 지방을 돌며 각 지역 수령들을 감독하는 임무를 담당하는 종5품 관직이다. 그로서는 관리가 되어 처음으로 나가는 지방 근무였다.

이 당시 조선은 전국적으로 군적부軍籍簿를 정리하고 있었다. 군적부란 군역軍役을 감당해야 할 대상자들의 목록을 말한다. 그런데 당시 황해도는 관찰사가 일시적으로 공석이었다. 이원익은 군적부 작성 업무 이외에 관찰사 임무까지 대리로 수행해야 했다.

10월에 이이가 황해도관찰사로 왔다. 처음부터 그가 이원익을 주목했던 것 같지는 않다. 이이가 이원익에 처음 주목했던 것은 그의 군적부 작성 솜씨 때문이었다. 오늘날도 그렇지만 조선시대에도 백성들 입장에서 군역은 몹시 무거운 부담이었다. 부담의 정도를 비교하자면 조선시대 군역 부담은 오늘날의 부담에 비길 수 없을 정도로 무거웠다.

조선은 원칙적으로 16세부터 60세까지의 양반과 천민 이외모든 양인 남자에게 군역을 부과했다. 지금처럼 복무 기간이 평생에 한 번, 20여 개월 전후에 그치고 마는 것이 아니었다. 더구나 군역 수행에 따른 잡다한 경제적 부담도 스스로 감당해야 했다. 지금과 달리 조선시대에는 자기가 사는 곳을 멀리 벗어나 본 사람이 많지 않았다. 그런 시절에 생업을 내려 두고 주기적으로 변방에 가서 군사 의무를 담당한다는 것은 당시 사람들에게 엄청난 경제적·심리적 부담일 수밖에 없었다. 따라서 그런업무 대상자에 포함되는가 그렇지 않은가를 결정하는 군적 포함 여부로 많은 불만이 생길 수밖에 없었다. 여러 도의 일을 맡은 사람들 중에 어떤 이는 군적 작성을 너무 대충하고, 어떤 이는 너무 각박하게 하여 백성들의 원망이 많았는데 황해도에서 만든 군적만이 최고로 일컬어지니, 원익은 이 일로 이름이 드러났다고 조선왕조실록은 기록했다. 지방 5품직에 불과한 도사가 업무를 잘했다는 이유로 실록에 실릴 정도면 그가 얼마나 뛰어난 업무 능력을 보였는지 짐작할 수 있다. 사료로 확인할 수 있는 이원익의 첫 번째 행정 처리 솜씨이다. 이이는 그런 이원익의 재주를 높이 평가했다.

그림 3 오리선생유필-도판34, 한국국학진흥원

다음 해 1575년(선조 8) 3월, 이이는 홍문관부제학에 임명되어 조정에 복귀했다. 홍문관은 임금 이름으로 발표되는 글을 작성하고 왕의 각종 자문에 응하는 관청이다. 그 관원은 조정의 핵심적 엘리트 관리들로 인정되었다. 부제학은 홍문관의 실무책임자였다. 이이는 이원익의 청렴하고 재주 있는 일 처리가 쓸만하다고 말하며 그의 이름을 홍문록弘文錄에 올렸다. 홍문록은 홍문관 관원의 예비후보로 결정된 사람들 이름을 기록한 문서이다. 홍문관 관원에 결원이 생기면 홍문록에 있는 사람 중에서 충원했다. 홍문관 관원은 젊은 하위직 관리라면 모두가 선망하는 대단히 명예로운 자리였다. 더구나 홍문관은 재상으로 성장할 수 있는 등용문 같은 곳이었다. 이때부터 이원익은 비로소 주목받는 직책에 임명되기 시작했다.

언관, 승지 시절

선조 9년 이원익은 사간원司諫院 정6품 관직인 정언正言에 임명되었다. 사간원정언은 경연관이기도 했다. 경연經筵은 왕이 공부하는 세미나였다. 경연관은 이 세미나를 주도했는데, 홍문관·사헌부·사간원 관리들이 경연에 참석했다. 이원익은 1582년

(선조 15) 동부승지로 승진할 때까지 내내 경연에 참석했다.

경연관은 관리로서 매우 명예로운 직책이었지만, 실제로는 몹시 고된 일이었다. 왕의 공부는 일반 사대부들의 공부와 달랐다. 교재는 크게 다르지 않지만 공부하는 방법이 달랐다. 왕이 과거시험을 볼 필요는 없으니 교재 내용을 암기할 필요는 없었다. 경연관은 교재 내용에 대한 상세한 이해와 관련된 수많은 역사적 전거典據를 제시할 수 있어야 했다. 말하자면 경연관은 머리와 입으로 일종의 하이퍼텍스트 기능을 즉석에서 연출할 수 있어야 했다. 학생이 왕이라면 경연관은 심적으로 몹시 부담스러운 직책이 아닐 수 없었다. 이런 이유로 경연이 있을 때마다 모든 경연관이 한꺼번에 들어가는 것이 아니고 순번을 정해서 들어갔다. 쉬는 동안에 예습이 필요했기 때문이다.

경연에 대한 부담은 무거웠다. 때문에 경연관은 자기 차례가 돌아오면 여러 이유로 경연 참석을 피하려고 하는 것이 보통이었다. 하지만 이원익은 경연관으로 있던 5-6년 동안 한 번도 경연에 빠지지 않고 참석했다. 그의 성실성을 엿볼 수 있는 대목이다. 그가 승지로 승진할 수 있었던 것은 아마도 경연에서 선조와의 이런 관계가 영향을 주었을 것이다. 경연관은 왕을 가장 자주 만나고 오래 만나는 관리들이었고, 승지承旨는 왕의 비서이다. 경연을 하면서 개인적으로 친밀감을 높였던 것이 승지 임명에 영향을 주었을 가능성이 높다.

　이원익의 승지 재직은 오래 가지 않았다. 1582년(선조 15) 동부승지로 임명되고, 1583년에 우부승지로 승진하지만 그해 8월에 그 직책에서 물러나야 했다. 조정에서 동인과 서인 간에 당쟁이 격화되고, 승정원에 그 불똥이 옮겨붙었기 때문이다. 사직의 원인이 된 사건은 이원익이 개인적으로 책임져야 할 사건은 아니었지만, 그는 다른 승지들과 함께 승지직에서 물러났다.

　당시 승지들 집단 파직의 원인은 도승지 박근원朴謹元이 제공했다. 도승지는 승정원의 수석 승지이다. 그는 당시 영의정 박순朴淳과 사이가 좋지 않았다. 박근원은 당시 공격하는 입장에 있던 동인이고, 박순은 방어하는 입장에 있던 서인이었다. 이때 동부승지로 있던 성낙成洛이 논계論啓하는 글의 초고草稿를 작성했고, 박근원은 박순을 지지하는 유생들이 왕에게 올린 상소를 중간에서 차단했다. 박순을 지지하는 유생들의 목소리가 선조 귀에 닿지 않도록 했던 것이다. 이를 비판하는 소리가 나올 수밖에 없었다. 그 목소리가 선조 귀에 들어갔다. 그러자 선조는 승정원 명의로 제출된 부적절한 상소를 누가 작성했는지 추궁했다. 박근원을 포함해서 다른 승지들이 상소의 작성자를 말하려 하자 이원익은 여기에 반대했다. 그는 "신 등의 동료 가운데에 그 글을 집필한 사람이 분명히 있습니다. 그러나 신 등이 하문하신 뜻을 삼가 살펴보건대, 그 사람에게 죄를 내리시려고 하는 것 같은데, 이것은 본원本院 전체가 함께 행한 일인 만큼 집필한 자에게만 책임을 물어서는 안 되리라고 여겨집니다. 이 일에 대해서는 신 등이 감히 말씀드릴 수가 없을 뿐 아니라, 상께서도 하문하시는 것이 온당치 않다고 생각합니다"라고 말했다. 그는 선조에게 세 번이나 답변을 거절하는 상소를 올렸다. 누가 상소를 올렸든, 그것은 승지들 전체의 책임이라는 것이 이유였다.

이때의 이원익 행동은 그의 원칙적 면모를 보여 준다. 사실 상소가 승지 6인의 의견을 모두 모아서 올렸다고 보기는 어렵다. 하지만, 승정원 이름으로 상소를 올렸다면 원칙적으로 그것은 승지들이 모두 동의했다고 보는 것이 원칙이다. 엄격하게 말하면 성락의 상소는 월권이었다. 그럼에도 이원익은 원칙에 맞는 행동을 했다. 그리고 그 행동의 결과가 자신에게 피해로 작용할 것이 예측되어도 그렇게 했다. 선조의 직접적인 분노에 맞서서 이원익은 원칙을 지켰다. 이원익은 생애 내내 보여 주듯이 원칙적인 사람이었다.

1584년(선조 17) 가을 이원익은 부친상을 당했다. 조선의 관리는 친상을 당하면 거의 예외 없이 탈상할 때까지 관직에서 물러났다. 1586년 10월에 탈상한 후, 무직자 신분으로 다음 해 봄에 이원익은 나귀에 거문고를 얹고 금강산을 두루 유람했다.

이원익은 23세가 되던 1569년(선조 2)에 관직에 나와서 37세 되던 1583년에 물러났다. 이 15년 동안에 승문원, 황해도도사, 경연관, 승지 등 중앙과 지방에서 근무했다. 동인과 서인의 당쟁이 원인이 되어 물러난 뒤 부친의 사망이 이어져 3년 정도 관직에서 물러나 있었다. 이때까지만 해도 이원익은 자신의 면모를 일부 보여 주기는 했지만, 조정에서 주목받는 존재는 아니었다.

2

탁월한 행정가,
재상의 반열에 오르다

안주목사 시절

　1587년(선조 20) 4월에 이원익이 평안도 안주安州목사에 임명
되었다. 이원익의 정치적 경력에서 의미 있는 출발점은 안주목
사 재직이었다. 실록은 "[후일 그의] 정승으로서의 명망은 바로 안
주에서 기초되었다"라고 적었다.(『선조수정실록』 권21, 20년 4월 1일)
1591년(선조 24) 재상직에 해당하는 형조참판(현 법무부 차관)으로
승진하여 조정에 돌아올 때까지, 그는 정해진 임기 900일(2년 반)
을 크게 넘기며 4년 가까이 안주목사로 재직했다. 그 경험과 성
과는 후일 그 자신에게는 물론, 조선에도 대단히 중요한 의미를
지닌다. 그 경험과 성과에 뒷받침되어, 그는 임진왜란 발발 직

후 선조에 의해 평안도순찰사에 임명되었다. 이원익이 안주목사로 있을 당시 백성들에게 얻은 신망에 기대어 선조가 자신의 피난길을 열고자 했던 것이다. 피난하려고 궁궐을 나오자마자 왕 일행에게 백성들이 던진 돌이 날아오는 상황이었다. 선조의 고심을 이해할 수 있다. 그리고 이원익이 평안도순찰사 직책을 성공적으로 수행하는 중에, 조선은 절대적으로 불리했던 임진왜란 초기 전세戰勢를 반전시킬 수 있었다. 이 때문에 이원익 자신은 평안도감사에서 우의정으로 곧바로 승진했다. 건국 이후 200년 조선 역사에서 처음 있는 일이었다. 우선 안주목사 때 이야기로 돌아가자.

안주는 조선의 북쪽 지방 방어에 매우 중요한 지역이었다. 평안도라는 이름 자체가 평양과 안주 앞 글자를 딴 것이다. 광해군 때까지 평안도 병영은 영변에 있었다. 옛날에는 김소월의 시 '진달래꽃'에 나오다가 지금은 북한의 핵 문제와 관련해서 뉴스에 가끔 나오는 그 영변이다. 평안도의 병영은 '이괄의 난'(1624) 이후 안주로 옮겨졌다. 1587년 무렵 안주는 여러 번 이어진 자연재해를 겪고 기근까지 들어서 몹시 피폐한 상태였다. 이를 회복하기 위해서는 유능한 관리가 필요했다. 이원익 앞에 이미 세 사람이나 추천되었지만, 모두 임명이 취소되는 우여곡절을 겪었다. 이때 이원익이 안주목사에 추천되었다. 선조도 경연을 5-6년이나 함께하고 또 승지로 있었던 이원익을 기억하며 그의 임명을 허락했다.

이원익은 안주목사로 임명된 다음 날, 혼자서 말을 타고 임명지로 떠났다. 지방관에 임명된 다음 날 혼자 임명지로 출발하는 것은, 당시 관행에서는 대단히 파격적인 일이었다. 대개 지방관에 임명이 되면 한동안 서울에 그대로 머물렀다. 그동안에 여기저기 자신의 임명에 관련된 정부 기관들과 유력자들을 공식, 비공식적으로 방문하여 인사를 차리는 것이 관행이었다. 그러는 사이에 신임 수령을 모시러 임명지 고을 아전들이 서울에 도착하면, 신임관은 그들과 함께 부임지에 모양 있게 내려갔다. 신임관이 여기저기 찾아다니며 지출했던 것들은 현지에서 온 아전들이 갚아 주었다. 이런 관행은 법은 아니어도 법 이상으로 반복되던 사항이었다. 이원익은 이 모든 과정을 생략했던 것이다. 당사자 개인에게 유리한 관행을 따르지 않는 것은 어려운 일이다.

이원익이 안주에 도착해서 목격한 것은 굶주려 죽어 가는 백성들이었다. 곡식이 시급히 필요했다. 그는 우선 안주 소속 관리들에게, 배를 동원하여 곡식이 저장되어 있는 해변 고을에 가서 대기할 것을 지시한다. 많든 적든 조선은 비상한 상황에서 지출하기 위한 비축곡을 가지고 있었다. 국가가 당연히 갖추고 있어야 하는 것이다. 이원익 자신은 곧장 당시 평안도감사 김수金睟(1547-1615)에게 가서 1만 석의 조곡糶穀 대출을 신청하여 받아 냈다. 조곡은 정부가 흉년에 민간에 대출하기 위해서 평소 축적하고 있는 곡물이다. 본래 조곡은 춘궁기에 대출하고 가을에 받아들이는 것이 원칙이었지만, 당시 안주 형편상 그런 관행에 얽매일 상황이 아니었다.

우연히 김수는 이원익과 같은 시기에 경연관을 지냈다. 감사의 조곡 대출 허락이 떨어지자마자 이원익은 곧바로 곡물이 저장된 해변 고을로 가서 곡물을 꺼내 배에 싣고 안주로 운반했다. 이것으로 굶주리고 있는 안주 백성을 구하고, 아울러 농사지을 종자種子까지 나눠 주었다. 다행히 가을에 크게 풍년이 들었다. 백성들은 빌린 곡식을 갚았고, 안주 지역도 되살아났다.

여기서 한 가지 눈여겨볼 것이 있다. 그것은 지방관 요청으로 평안도감사가 조곡 1만석 지급을 즉시 허락했다는 사실이다. 1만 석이 당시 평안도가 비축하고 있는 조곡 총규모에서 얼마만큼의 비중을 차지하는지는 분명하지 않지만, 결코 작은 규모라고 할 수는 없었다. 분명한 것은 감사가 예하 지방관의 요청에 따라 중앙의 승인 없이 상당한 규모의 조곡을 즉시 지급할 수 있을 정도로 조선의 예산 운영이 체계적이었다는 점이다. 상당히 정비된 행정체계에서만 가능한 일이다. 물론 감사는 임기를 마칠 때 다음 감사에게 인수인계하면서 재임 기간 중 자신의 행정 결정을 책임져야 했다. 간과하면 안 되는 것은, 이원익의 행정 처리는 그러한 조선의 시스템 위에서 가능했다는 것이다.

이공상李公桑, 이원익의 뽕나무

『선조수정실록』 20년 조와 정약용(1762-1836)의 저서『목민심서』에는 '이공상'이라는 말이 나온다. 글자 그대로 '이원익 상공相公의 뽕나무'라는 뜻이다. 내용은 이렇다. 이원익이 안주목사로 부임해 갔더니 주변 다른 지역과 달리 누에치기에 힘쓰지 않았다. 누에를 키우면 누에고치를 생산할 수 있고, 누에고치에서 명주실을 생산할 수 있었다. 명주실로는 비단을 생산할 수 있었다. 때문에 누에를 키우는 양잠은 농가의 귀한 경제활동이었다. 누에의 먹이가 뽕나무 잎이다.

본래 관서關西 지방에는 누에치기가 성행했다. 이원익은 유독 안주에서 뽕나무를 키우지 않는 이유를 이상히 여겨서 지역 주민들에게 물었다. 그러자, 그들은 안주의 토질이 뽕나무에 맞지 않는다고 답변했다. 하지만 뽕나무는 본래 토질에 민감한 나무가 아니다. 이원익은 실천적인 사람이었다. 그는 안주의 각

방坊에 지시하여 집집이 뽕나무 씨를 파종하도록 강력히 권장했다. 그러자 몇 해 지나서 안주에는 뽕나무가 길게 연이어 숲을 이루었다. 주민들은 이 뽕나무를 '이공의 뽕나무[李公桑]'라고 불렀다. 정약용은 안주에는 뽕나무가 1만 그루가 훨씬 넘게 있다고 말했다. 적어도 19세기까지 안주에 '이공상'이 존재하고 있음을 증언한다. 실제로 순조 재위 시절인 1828년에 청나라에 사신으로 다녀왔던 박사호林思浩의 사행일기『심전고心田稿』에는 다음과 같은 기록이 있다.

> 11월 10일.
> 상공상相公桑이 청천강 들판에 있으니, 오리梧里 이원익 상공이 심은 것이다. 수천 그루가 빽빽하게 우거져 숲을 이루었다. 백성들에게 누에치기와 명주 짜기를 권장했던 뜻이 아직도 풍성히 남아 있으므로 '상공상'이라고 부르는 것이다.
> — 『심전고』 제1권, 「연계기정燕薊紀程」

'이공상'은 이원익이 살아있을 때는 물론이고, 그의 사후에도 200년 넘게 안주 백성들의 생계를 든든히 떠받친 밑천이 되었다.

상식적이고 원칙적인 관리 이원익

안주목사로서 이원익이 취한 행정 조치들은 정확하고 신속했다. 효과는 크고 오래 지속되었다. 그런데 주목할 것은 그가 취한 조치들이 내용 면에서 이전에 없던 새로운 것은 아니라는 사실이다. 그는 당시 조선의 지방관이라면 당연히 취해야 할 조치를 정확하고 신속하게, 그리고 정성껏 취했을 뿐이다. 안주목사 시절 전세 납부에 대한 일화는, 이를 다시 한번 보여 준다.

조선시대에 평안도 각 고을은 가장 기본이 되는 조세인 전세田稅를 서울에 납부하지 않았다. 전세는 경작지에서 생산된 곡물에 일정한 비율로 부과된 현물 세금이다. 평안도에서는 쌀이 아닌 잡곡이 주로 생산되었고, 중국과의 외교에 적지 않은 비용이 들었기 때문이다. 한양과 중국으로 향하는 국경 도시 의주 사이에 평안도가 위치했다. 무거운 곡물을 먼 거리까지 운반하려면 많은 비용이 들었기 때문에, 그 비용을 평안도에서 생산되는 것으로 곧바로 충당하여 운반하는 것이 중앙정부 입장에서는 더 효율적이었다.

평안도 안주도 서울에 전세를 납부하지 않았다. 대신, 안주는 변방 경계를 담당한 강계·의주·창성 같은 고을에 전세를 납부했다. 그런데 이 전세의 운반 및 수납 과정이 몹시 문란했다.

안주 백성들은 국가가 규정한 양보다 훨씬 많은 양을 내야 했다. 쌀 자체가 운반하기에 무겁고, 지역 특성상 험한 지형을 통과해서 운반해야 했기에 운반비용이 들 수밖에 없었다. 따라서 법적으로 백성들에게 수취하도록 규정된 양보다 수취량이 다소 늘어나는 것은 현실적으로 불가피했을 것이다. 안주목사로 부임했던 관리들은 이런 상황을 빌미로 백성들에게 더 많은 조세를 요구했다. 그러나 백성들에게 그 양은 너무나 지나친 것이었다.

이원익은 기존에 아전들이 담당했던 전세 운반을 자신이 직접 수행했다. 전례 없는 일이었다. 이렇게 되자 아전들이 당황한 것은 물론이고, 강계·의주·창성 지역 관리들도 놀라고 당황할 수밖에 없었다. 지방관인 이원익이 직접 안주의 전세를 운반해서 납부할 지역에 나타나자, 그들은 술자리를 베풀고 이원익의 노고를 치하하려 했다. 하지만 이원익은 전세 납부 후 이 모든 것을 물리치고 곧바로 안주로 돌아왔다. 이렇게 되면, 행정의 분위기가 바뀌지 않을 수 없다. 따지고 보면, 전세 수취 및 납부는 원래 지방관 임무 중에서 가장 중요한 것이었다. 하지만 수령이 아랫사람인 아전들에게 맡기는 것이 오랜 관행이었다. 따라서 이원익의 행동은 예외적이라기보다는, 오히려 가장 원칙적인 행동이었다.

안주목사 이원익의 활동은 대단히 성공적이었다. 당시 평안도감사는 당대의 경세가經世家로 이름 높은 윤두수尹斗壽(1533-1601)였다. 앞서 황해도에서 도사와 감사로서 이원익과 이이의 만남이 반년이 채 못 되는 기간이었다면, 이 당시 윤두수와 이원익의 관계는 1591년 초, 두 사람이 조정에 차례로 복귀하기까지 만 2년이 넘게 이어졌다. 윤두수는 이원익의 활동을 높이 평가했고, 이를 조정에 보고했다. 그 결과 이원익은 종2품 관리로 승진했다. 형조참판으로 조정에 복귀한 후 임진왜란이 일어나는 다음 해까지의 짧은 기간 동안, 이원익은 윤두수에 이어 호조판서를 지냈고 이어서 예조 및 이조판서를 역임했다. 임진왜란을 목전에 두고, 그는 재상급 인물로 성장해 있었다.

임진왜란이 발발하고, 전투에 자원하다

임진왜란에서 조선이 결국 지지 않은 데 가장 큰 공을 세운 사람으로 누구를 꼽아야 할까? 아마도 이순신을, 그리고 류성룡을 들어야 할 것이다. 이순신이 임진왜란에서 가장 큰 공을 세웠다는 것은 누구나 인정할 수밖에 없다. 류성룡도 영의정으로 선조 대신 전쟁을 총지휘했으니 그 공을 인정해야 한다. 하지만 이원익의 공 역시 류성룡 못지않다. 더구나 이원익은 류성룡과 달리 이순신을 구원하는 데에도 힘을 크게 보탰다. 그럼에도 임진왜란 때 이원익의 공로는 잘 알려져 있지 않다.

이원익이 사망한 다음 해에 생전에 그와 가까웠던 이식李植 (1584-1647)은 이원익의 시장諡狀을 작성했다. 시장이란 조정에 시호諡號를 요청하기 위해서 작성한, 사망한 인물의 평생 행적을 기록한 것이다. 시호는 제왕이나 재상, 명명 높은 인물들이 죽은 뒤 그들의 공덕을 기리는 의미로 국가가 부여하는 이름이다. 여기서 이식은 이원익이 세 조정에서 벼슬하며 국가가 동란動亂을 당했던 선조 때는 '사직社稷을 보존하는 공'을 세웠고, 국가가 혼란에 빠졌을 때, 즉 광해군 때에는 강상綱常(근본이 되는 윤리)를 붙들어 세웠으며, 인조를 만나서는 국운國運을 새롭게 했다고 요약했다. '사직을 보존한 공'이란 임진왜란으로 거의 망할 뻔한 나라를 다시 일으켜 세웠다는 말의 완곡한 표현이다. 그 구체적 내용은 무엇일까. 이를 알기 위해서 우선 임진왜란 초기 상황을 되짚어 보아야 한다.

1592년(선조 25) 4월 13일 저녁 무렵, 엄청난 수의 일본 병선兵船들이 부산 앞바다에 나타났다. 다음 날 아침 왜군 배들이 해안에 상륙하면서 임진왜란이 시작된다. 어떤 외교적 절차도 없이, 정식 선전포고도 없이 벌어진 일이다. 처음에 조선 조정은 부산과 동래에서 벌어진 상황과 그것의 의미를 즉각 파악하지는 못했다. 왜구의 침략은 이전에도 종종 있던 일이었다. 상황이 심상치 않게 돌아가자 17일에는 여진족 토벌에 혁혁한 공을 세운 바 있던, 당시 조선 제일의 명장 신립申砬(1546-1592)을 삼도순변사三道巡邊使로 임명하여 남쪽으로 파견했다. 그는 용맹한 여진족 추장 니탕개尼湯介를 물리친 용장이었다. 니탕개는 북방의 여러 여진 부족을 규합하여 두만강가에 있는 조선의 6진六鎭을 공격하고 그 일부를 점령했었다. 진鎭은 군사기지를 가리키는 말이다. 여러 조선 장군은 니탕개와의 전투에서 모두 졌지만 신립은 달랐다. 그는 1583년(선조 16) 불과 500여 기 철기병과 화포로 무장한 채, 니탕개 군사 1만 명을 물리치고, 계속해서 두만강 건너 그들의 본거지까지 소탕했다. 대단한 성과였다. 임진왜란이 발발할 때까지 그는 조선 제일의 명장으로 명성이 높았다.

조선 조정이 걷잡을 수 없는 혼란에 빠져든 것은 4월 27일이다. 이날 신립이 배수진을 치고 싸운 탄금대전투에서 패한 후 자살하고, 충주가 왜군에 떨어진다. 이제 단 며칠 안에 한양 도성이 왜군에 함락되리라는 것이 분명해졌다. 이 소식이 조정에 전해지자, 고위 관료들 다수를 포함해서 많은 사람이 극도의 혼란에 빠졌다. 이에 앞서 이원익은 장사壯士 몇 명을 모집한 다음 대궐에 가서 청하기를, "신이 종척宗戚의 귀신貴臣으로 차마 앉아서 [나라개] 전복顛覆되는 상황을 보고만 있을 수는 없으니, 곧장 먼저 전쟁터에 나가서 결사 항전의 모습을 보여 주고 싶습니다"라고 요청했다. 무모한 행동이었지만, 나랏일에 임하는 이원익이 태도를 단적으로 보여 주는 모습이다.

'종척'이란 왕실의 친척이라는 말이다. 법적으로 이원익은 이미 왕실의 일원은 아니었다. 하지만 그 스스로는 왕실의 일원이라고 생각했던 것이다. 자기 집안과 나라를 동일시했다. 선조가 이 문제를 조정 논의에 부치자, 많은 사람이 병약한 그를 참전케 하는 것은 무익한 일이라고 말하며 반대했다.

평안도순찰사에 임명되다

신립 군대가 탄금대에서 패한 다음 날 『선조실록』에는 다음과 같은 내용이 기록되었다.

> "상이 [창덕궁] 선정전宣政殿에 나와 징병체찰사徵兵體察使 이원익과 최홍원崔興源, 우부승지 신잡, 주서注書 조존세趙存世, 가주서 김의원金義元, 봉교 이광정李光庭, 검열 김선여金善餘 등을 인견引見[윗사람이 아랫사람을 불러 봄]했다.

상이 이원익에게 이르기를,

"경이 전에 안주安州를 다스릴 적에 관서 지방 민심을 많이 얻었기 때문에 지금까지 경을 잊지 못한다고 하니, 경은 평안도로 가서 부로父老[지역의 영향력 있는 인물]들을 잘 설득해서 인심을 수습하라. 적병이 깊숙이 침입해 들어와 남쪽 여러 고을이 날마다 함락되고 있으니 경성京城 가까이 오면 [내가] 관서로 파천해야 한다. 이런 뜻을 경은 분명히 알아야 한다" 하니, 원익이 배사拜辭하고 물러갔다. 상이 또 최흥원에게 이르기를,

"경이 황해도 지방을 잘 다스렸으므로 지금까지 경을 흠모한다고 한다. 지금 인심이 흉흉하여 토붕와해土崩瓦解[흙이 무너지고 기와가 산산이 깨진다는 뜻으로 상황이 극도로 혼란해서 손댈 수 없는 상태]의 지경에 이르렀으므로 윗사람을 위해 죽는 의리가 없어졌다. 경은 황해도로 가 부로들을 모아서 선왕先王의 깊은 사랑과 두터웠던 은혜를 일깨워 줌으로써 그들의 마음을 단결시키는 한편 군사들을 소집하여 혹시라도 이반자가 생기지 않도록 단속하여 거가車駕[선조 일행]를 영접하라" 하니, 홍원이 명을 받고 원익과 더불어 절하고 물러가 그날 즉시 떠났다."

— 『선조실록』 권26, 25년 4월 28일

민심은 극도로 흉흉했다. 선조 자신이 "[백성들에게서] 윗사람을 위해 죽는 의리"가 없어졌다고 말하는 상황이었다. 실제로 전쟁이 시작된 지 얼마 지나지 않았지만, 이미 왜군에 협력하는 '이반자'들이 나오고 있었다. 따지고 보면 평시에 자신들의 삶을 보살펴 주고 책임지지 않았던 권력에 대해서 백성들이 의리를 지킬 이유는 없었다. 신립의 소식이 전해지자 그 즉시로 선조는 서울을 떠나기로 결심했지만, 아무 곳으로나 갈 수는 없었다. 당시 조정이 조선 안에서 갈 수 있는 곳은 결국 황해도와 평안도뿐이었다. 하지만 이미 그곳 민심도 왕의 안전을 보장할 수 없었다. 이 상황에서 선조는 이 두 지역에서 이전에 지방관을 지내며 민심을 얻었던 이원익과 최홍원에 기대어, 그곳 '부로'들의 마음을 달래는 수밖에 없었다. 말하자면 두 사람의 일차적 임무는 피난 오는 왕과 그 일행이, 그곳 백성들에게 불상사를 당하지 않도록 지역 민심을 다독이는 것이었다.

4월 28일에 이원익은 '징병체찰사'에 임명되었다. 체찰사는 요즘 개념으로 바꾸어 말하면, 계엄 상황에서의 계엄사령관에 해당한다. 징병체찰사는 왜군과 싸우기 위해 병사를 모으는 책임을 진 체찰사라는 뜻이다. 하지만 위에서 선조가 이원익과 최홍원에게 간곡히 부탁한 내용은 이와는 조금 다르다. '부로'들을 잘 설득해서 인심을 수습하는 것이 1차 목표였다. 그런데 얼마 지나지 않아서 이원익의 관직이 바뀐다. 선조 일행은 5월 7일에 평양에 들어왔고, 5월 8일에 이원익은 도순찰사에 임명되었다.

당시 상황을 더 이해하기 위해서 이원익과 최홍원을 징병체찰사에 임명하는 기사 뒤에 이어지는 실록의 내용을 좀 더 살펴볼 필요가 있다. 세자를 세우는 것에 관한 논의가 선조와 몇몇 중신들 사이에서 밤늦도록 진행되었다. 재위 25년째인 당시까지도 선조가 세자를 정하지 않았기 때문이다. 사실은, 정할 수 없었다. 그 전해인 1591년에 좌의정 정철(1536-1593)이 선조에게 세자를 정하라고 말했다가 선조의 노여움을 사서 귀양을 간 일이 있었다. 선조는 권력 문제에 관해서 몹시 민감했다. 신하들은 이 문제를 입 밖에도 꺼낼 수가 없었다. 하지만 전쟁 때문에 당장 세자를 정해야 했다. 마치 오늘날 국가 비상 상황이 발생하면 대통령과 국무총리가 따로 떨어져서 만일의 상황에 대비하는 것과 같은 급박한 이유로 세자가 필요했다. 다음날 선조 자신의 뜻에 따라 광해군(1575-1641, 재위 1608-1623)이 세자로 책봉되었다.

4월 30일 새벽 "칠흙같이 어둡고 비가 내려 지척을 분변할 수 없는 가운데" 도승지 이항복李恒福(1556-1618)을 앞세우고 선조는 창덕궁을 나섰다. 서대문으로도 불렸던 돈의문敦義門을 나와,

다시 한양에 돌아올 수 있을지 앞날을 기약할 수 없는 피난길에 올랐다. 실록에는 이때 선조 일행의 규모가 종친과 문무관을 모두 포함해서 100명이 못 되었다고 기록되어 있다. 평상시 관리를 제외하고도 궁궐 안에 거주하는 사람들 수에 비해 터무니없이 적은 숫자였다. 일행의 수가 100명이 못 되었다는 것은 이미 대부분의 사람이 선조 곁을 떠났다는 것을 뜻한다. 떠나 간 사람들은 아마도 조선왕조가 패망할 것이라 생각했을 것이다. 일행에 끼어있는 사람들도 내심 서울로 다시 돌아올 수 있으리라고 확신하지 못했을 것이다.

이원익의 활약은 두드러졌다. 그 사이에 한강에 도착한 전세田稅로 거둔 곡물을 대동강으로 옮기도록 조처했다. 당시에 절대적으로 필요한 것이 곡물이었다. 그는 불과 며칠 사이에 파탄 난 민심을 다독여 선조 일행을 평양에서 무사히 맞아들였다. 또 선조 일행에 대한 물자 및 편의 제공에도 소홀하지 않았다. 비 내리는 한양의 궁궐을 빠져나와 정신없이 피난길에 올랐던 국왕 일행이었다. 평양에 도착해서 비로소 한숨을 돌릴 수 있었다.

선조에 대한 이원익의 보살핌은 극진했다. 심지어 그는 왕이 먹을 음식을 자신이 먼저 먹고 한동안이 지나서야 들이곤 했다. 혹시 있을지 모르는 독살에 대비하기 위한 것이었다. 당시 민심이 어떤 상황인지 보여 주는 장면이다. 이때 선조는 이원익에게 깊은 인상을 받는다. 이것은 후일 이원익이 선조에게 신하로서는 감히 하기 어려운 수준의 직언과 비판을 해도, 선조가 그에 대한 신뢰를 바꾸지 않는 원인이 되었다.

도순찰사로 왜군을 공격하다

선조 일행은 1592년 5월 7일에 평양에 들어왔다. 왜군이 계속해서 북상하자 선조 일행은 6월 11일 평양을 뒤로하고 더 북쪽에 있는 영변으로 출발했다. 그 직후인 6월 15일에 평양은 왜군에 함락되었다. 왜군의 평양 점령은 다음 해인 1593년 1월 8일 이여송이 이끄는 명나라 군대와 이원익의 조선군의 연합 공격으로 끝이 났다. 약 7개월 정도의 기간에 대한 주요 사료는 『선조실록』과 『선조수정실록』인데, 그 내용이 혼란스럽다. 전쟁 중이라 확실한 정보와 불확실한 소문을 가려내기 어렵고, 그에 대한 기록과 기록물의 보관도 어려웠기 때문일 것이다. 하지만 대체적인 내용을 파악하는 데에는 큰 어려움이 없다. 이 시기에 이원익은 상황의 중심에 놓여 있었다.

이원익은 5월 8일 도순찰사에 임명되었다. 그는 무엇보다 병사들에 대한 보급에 신경을 썼다. 다음은 5월 25일 기사이다.

본도本道 도순찰사 이원익이 [임금에게] 치보馳報하기를, "각 고을에서 군대를 징발하여 대기한 지 이미 오래입니다. 각 고을로 하여금 [병사들에게] 계속해서 군량을 지급하게 하고 있지만 도로가 멀기 때문에 굶주리는 자들이 많습니다. 비변사에서 강변의 토병土兵[지역의 병사들]은 술·고기와 면포를 주어서 구휼한다는 뜻을 보였으나 유독 [강에서 거리가 떨어져 있는] 내지內地의 군대에 대해서는 남의 나라 사람 보듯 하고 있으니 호조로 하여금 전세나 창고에 저장된 쌀과 콩을 지급하게 하소서" 하니, 상이 따랐다.

—『선조실록』 권26, 25년 5월 25일

6월에 들어서자 선조가 평양에 남아 왜군과 싸울 것인지, 아니면 더 북쪽으로 피난을 갈 것인지를 놓고 치열한 논의가 벌어졌다. 왜군이 평양을 향해 북상하고 있었다.

상이 이희득·이원익·홍여순·이항복·이덕형·정곤수 등을 인견하자, 양사兩司[사헌부·사간원]와 대신들도 뵙기를 청하니 그대로 따랐다. 상이 이르기를, "경들은 할 말이 무엇인가?" 하니, 원익은 아뢰기를,

"평양성을 지키는 절차를 지금 이미 마련했지만, 평양 성을 지킬 것인지 다른 곳으로 옮길 것인지를 빨리 결정해야 합니다. 만약 죽음으로써 지킨다면 할 수 있지만, 그렇지 못하다면 역시 편의에 따라 조치해야 합니다" 하고, … 상이 이르기를,

"의논이 일치하지 않는구나. 내 생각에는 여기 평양이 안전한 지역이 아니니 임금과 신하가 함께 왜적의 칼날에 어육魚肉이 될 수는 없다. 나는 이주하고 싶은데 대신들이 따르지 않는구나" 하고, … 상이 이르기를,

"영변은 여기서 며칠 길이나 되느냐?" 하니, 여순이 닷새 길이라고 아뢰었다. 상이 이르기를,

"영변에서 강계江界까지는 며칠 길이나 되느냐?" 하니, 여순이 아뢰기를, "6-7일 길입니다" 하였다. … 두수가 아뢰기를, "영변이 어떻습니까?" 하자, 성룡이 아뢰기를, "영변은 함흥으로 통하는 길이 있으니 우선 영변으로 피하는 것이 좋겠습니다" 하였다. 상이 이르기를, "속히 백성이 알아듣도록 타이르라" 하였다.

— 『선조실록』권27, 25년 6월 2일

왜군이 계속 북상해 오자 조정이 평양성을 지킬 것인지, 아니

면 더 북쪽으로 후퇴할 것인지를 놓고 신하들 사이에 의견이 치열했다. 선조는 이미 북쪽 영변으로 가려고 마음먹고 있었지만, 홀로 강행할 수는 없었다. 이원익, 윤두수, 류성룡 등은 평양성을 지키자는 쪽이었고, 정철은 후퇴하자는 쪽이었다. 대략 6월 2일에 조정을 영변으로 옮기기로 결정한 듯 보인다. 다만 선조는 신하들을 둘로 나누어 좌의정 윤두수, 도원수 이원익 등은 평양성을 지키고, 정철 등은 자신을 수행하는 것으로 결정했다.

이 시기에 선조가 평양성을 떠나서 더 북쪽으로 갈 것인지, 아니면 평양성을 굳게 지킬 것인지를 놓고 신하들과 평양성 백성들까지 무척 혼란스러웠다.

며칠 전에 성 안의 사람들이 거가車駕[임금의 가마, 즉 임금]가 피난 가려 한다는 말을 듣고 각자 도망하여 흩어졌다. 이에 상이 세자에게 명하여 대동관문大同館門에 나아가 주둔하고 성 안의 부로들을 모아 굳게 지킬 뜻을 유시하도록 하니, 부로들이 앞으로 나와 말하기를 "동궁東宮[세자]의 영令만 듣고는 민심이 믿지 않습니다. 반드시 성상聖上이 직접 유시하는 것을 들어야 하겠습니다" 하였다. 이튿날 상이 어쩔 수 없이 관문에 나아가 승지로 하여금 어제처럼 효유하니, 부로 수십 인이 절하고 엎드려 통곡하다가 명을 받들고 물러갔다. 그리고는 각기 나누어 숨게 한 자제와 남녀들을 불러 성으로 들어오게 하니 성안이 모두 꽉 찼다.

그러나 적병이 점점 강가로 접근해 오자 상이 재신宰臣 노직盧稷 등에게 명하여 종묘사직의 위판位版을 받들고 아울러 궁인宮人을 호위해서 먼저 떠나도록 했다. 이에 평양성 안의 현지 관리와 백성吏民들이 난을 일으켰다. 그들이 몽둥이와 칼을 들고 길을 가로막고 함부로 치면서 종묘사직의 위판을 모시고 따르는 신하들을 가리키며 큰 소리로 꾸짖기를 "너희들이 평일에 국록國祿만 훔쳐 먹다가 이제는 나라를 그르치고 백성 속이기를 이같이 한단 말인가" 하고 그대로 행궁行宮[선조의 거처] 문에 모여 부르짖기를 "이미 [임금께서] 성을 버리려 했으면서 무엇 때문에 우리를 속여 성에 들어오도록 하여 우리만 적의 손에 어육이 되게 하는가?" 하면서 모두 팔을 걷어붙이고 병장기를 든 채 만나는 사람마다 치고는 했다. 그 소란스럽고 혼잡스러운 상황을 막을 수가 없었다. 이에 따르던 여러 관원들이 문 안에서 모두 놀라 얼굴빛이 변했는데, 류성룡이 단독으로 문에 나와 직접 토관土官의 장로長老를 손짓하여 불러 타일렀다. …

이때 성을 지키는 의논이 굳건하지 못한 데다가 성은 크고 군사는 적은 것이 도성都城[에서의 상황과 다름이 없었다. 때문에 상이 위태롭게 여긴 나머지 종묘사직의 위판을 모시고 먼저 떠나도록 명했던 것이다. 그러자 삼사三司가 합문閤門[임금이 있는 편전의 앞문]에 엎드려 극력 간했는데, 전 의정 정철은 피난 가는 계획에 찬성했고 좌의정 윤두수는 성을 지키는 의논을 주장했다.

—『선조수정실록』권26, 25년 6월 1일

6월 2일에 선조의 피난이 결정되자 그 소식이 빠르게 퍼져 나갔다. 평양성 백성들은 저마다 평양성을 탈출하기 시작했다. 선조는 세자를 통해서 이를 진정시키려 했지만, 역부족이었다. 결국 백성들 요구로 그 자신이 나가서 평양성을 지킬 것이라 말하지 않을 수 없었다. 그것은 거짓말이었다. 하지만 선조의 거짓 약속을 믿고 평양성을 탈출했던 백성들이 다시 돌아왔다.

왜병이 대동강에 접근하자 선조는 종묘사직의 위판을 받들고 아울러 궁인을 호위해서 먼저 떠나도록 했다. 위판과 여자들 먼저 피난시킨 것이다. 그러자 백성과 신하들 사이에서 큰 소요가 일어났다. "행궁 문에 모여 부르짖기를 '이미 성을 버리려 했으면서 무엇 때문에 우리를 속여 성에 들어오도록 하여 우리만 적의 손에 어육이 되게 하는가? 하면서 모두 팔을 걷어붙이고 병장기를 든 채 만나는 사람마다 치곤 하였다"는 것은 백성들 입장에서 당연한 반응이었다. 조정 언론을 주도하는 삼사¹ 역시 선조의 거처에 나아가 평양성에서 싸울 것을 극력 주장했지만 소용없었다.

> [임금이] 좌의정 윤두수, 이조판서 이원익을 체류시켜 평양성을 지키게 하고, 영변절도사寧邊節度使 이윤덕李潤德에게는 대동강 여울을 지키게 했다. 또 원익 등에게 비밀히 분부하여 은밀히 엿보아 밤에 왜적 진영을 공격하도록 했다. 이날 밤에 두수·원익 등이 출신出身[과거 합격자] 김진金珍에게 강변의 토병 백여 명을 인솔하고 강을 건너가 왜적 군영을 쳐부수도록 했는데, [당시] 적병은 한창 자고 있었다. 진珍 등이 수백여 명을 사살하고 말 1백 33필을 빼앗아 돌아오던 중, 배가 한꺼번에 도착하지 않아서 토병 30여 명이 왜적에게 추격당하여 강 속에 빠져 죽었다.
>
> ―『선조실록』 권27, 25년 6월 11일

이날 적병이 모두 이르렀지만 (대동)강가에 배가 없어서 건널 수 없었다. 두수 등이 연광정練光亭 위에 있었는데 적이 조총으로 집중 사격을 하니 탄환이 정자 위에 비 오듯 쏟아졌다. 아군 역시 배를 타고 중류中流에서 편전 片箭을 쏘아 적을 맞히는 한편 화전火箭을 발사하니 적 진이 조금 퇴각했다.

순찰사 이원익은 병사 이윤덕李潤德과 왕성탄王城灘[2]을 지켰다. 원익이 계책을 내어 용사 수백 명을 뽑아 고언 백高彦伯과 문신언文愼言 등을 영장領將으로 삼아 밤을 틈 타 강을 건너 곧장 적의 진영을 공격하여 몇 명의 머리 를 베었으며 쏘아 죽인 자도 많았다. 얼마 되지 않아 날 이 밝아지자 아군이 퇴각하는데 한 척의 배가 모래톱 에 걸려 배 전부가 해를 입었다. …

이튿날 적이 진을 정비하고 왕성탄에서 방어하는 군사 를 공격하자 [아군] 군사들이 모두 패하여 흩어졌다. 이 원익과 [방어사防禦使] 이빈李薲은 퇴각해서 행재소로 가 고, 이윤덕은 영변의 본영本營으로 돌아갔다. 이에 적 이 왕성탄을 따라 건넜다. 이날 밤에 윤두수 등이 [평양 성을] 지킬 수 없음을 알고 먼저 성안의 노약자와 부녀 자를 내보내고, 적이 성에 가까이 오자 병기兵器를 강물 에 가라앉힌 뒤 군사를 인솔하여 몰래 빠져나왔는데,

더러는 배를 타고 강서江西로 내려갔다. 성안이 텅 비어 아무도 없었으나 적이 모란봉에 올라가 한참 있다가 들어갔다. 성안에 쌓아 둔 수십만 석의 식량이 모두 왜적 소유가 되었고 왜장이 마침내 평양을 점거하였다.

—『선조수정실록』권26, 25년 6월 1일

선조는 6월 11일에 평양성을 떠나 영변으로 향했다. 그는 불과 며칠 전 평양 백성들에게 평양성을 지킬 것이라 말하고서 자신은 평양성을 떠났다. 이원익과 윤두수가 남아서 평양성을 지켰으니 백성들에게 완전히 거짓말을 한 것은 아니라고 할 수도 있다. 하지만 백성들이 요구했던 것은 신하가 아닌 선조 자신이 남는 것이었다.

선조는 평양성을 떠나면서 "이원익 등에게 비밀히 분부하여 은밀히 엿보아 밤에 왜적 진영을 공격하도록 했다." 선조가 평양성을 떠난 직후 왜군이 대동강가에 접근했다. 하지만 강가에 배가 없어서 강을 건너지 못하는 대신에 강 건너편에 조총 사격을 일제히 가했다. 이때 윤두수는 연광정을, 이원익은 왕성탄을 지키고 있었다.

6월 13일 밤에 이원익, 윤두수는 김진에게 강변의 토병 백여 명을 인솔하고 강을 건너가 왜적 군영을 공격하도록 했다. 김진과 토병은 수백여 적군을 사살하고 말 1백 33필을 빼앗는 전과를 올렸다. 하지만 돌아오던 중 배가 한꺼번에 도착하지 않아서 토병 30여 명이 왜적에게 추격당하여 강 속에 빠져 죽었다. 6월 13일의 조선군 공격은 다음날 왜군의 일제 공격을 촉발하는 직접적인 계기가 되었다. 왜군은 조선군보다 훨씬 많은 병력으로 왕성탄을 건너 조선군을 공격했고, 조선군은 패주하여 흩어졌다. 이날 평양성이 적군에게 넘어갔다. 이원익은 종사관 이호민을 시켜 이 소식을 선조에게 알렸다.

평안도관찰사로 군사를 모으고 반격을 가하다

이원익은 6월 14일 전투에서 패한 후 더 북쪽에 위치한 정주定州로 후퇴하여, 흩어진 병사들을 다시 모았다. 조정은 6월 21일에 이원익을 평안도관찰사에 임명하고, 도순찰사를 겸하게 했다. 6월 14일 전투에 패해 평양성의 조선군이 흩어지면서 평안감사 송언신이 실종된 상태였다. 송언신은 6월 26일에 왕에게 보고를 올렸다. 7월 4일에 이원익이 선조를 찾아왔다.

평안감사 이원익이 강변에서 왔다. … 상이 이르기를,

"경은 요사이 강변에 가서 얼마나 토병土兵을 얻었는 가?" 하니, 원익이 아뢰기를, "대략 6백여 명입니다" 하였다. 상이 이르기를,

"근래 [우리 조선] 군대의 숫자가 부족한 것이 아니었는데도 흩어져 버렸던 까닭에 적을 방어하지 못했다" 하니, 원익이 아뢰기를, "토병은 남쪽 군대와 달라서 잘 쓰면 흩어지는 데에는 이르지 않을 것입니다" 하였다. 상이 "전에 강탄工灘은 어찌하여 지키지 못했는가?" 하니, 원익이 아뢰기를, "그때 강탄의 물이 몹시 얕고 토병 숫자가 매우 적었으므로 지키지 못했습니다" 하였다. 상이 이르기를,

"왜적의 숫자는 대략 얼마나 되었는가?" 하니, 원익이 아뢰기를, "명확히 알지는 못하나 염탐하는 사람 말로는 2천 명이 채 못 되었다고 합니다" 하였다.

상이 이르기를, "밤에 공격할 때 몇 명을 썼는가?" 하니, 원익이 아뢰기를, "240여 명입니다" 하였다. 상이 이르기를, "토병들에 대해서는 따로 상을 줄 것을 의논하라. 토병 중에 사망한 자는 없는가?" 하니, 원익이 아뢰기를, "배에 탔다가 왜적이 다가오자 배 한 척이 완전히 전복되었습니다" 하였다. 상이 이르기를, "그 나머지는

흩어졌는가? 아니면 지금 어느 곳에 있는가?" 하니, 원
익이 아뢰기를,

"지금 한창 모이고 있습니다" … 원익이 아뢰기를,

"남쪽의 군사는 흩어져 버리기를 잘하니, 토병으로써
전투에 나가게 하고 남쪽 군사는 군량을 실어 오게 하
는 것이 옳겠습니다" 하였다. 상이 이르기를,

"경이 혼자 수고하니 내 마음이 미안하다. 국사가 이
지경에 이르렀으니 더욱더 노력하라" 하였다.

—『선조실록』 권28, 25년 7월 4일

6월 14일 전투에서 패배했지만, 그 책임이 이원익에게 돌아
오지는 않았다. 그가 6월 21일에 곧바로 평안도관찰사에 임명
되고 순찰사를 겸하게 된 것이 그 증거이다. 7월 4일 선조와의
만남에서 선조는 이원익에게 미안한 마음을 표하며 더욱 노력
해 달라고 부탁했다. 이후 이원익은 정주에서 모집한 군대를 전
선戰線이 있는 더 남쪽의 순안順安으로 이동시켰다. 순안은 대동
강에서 북쪽으로 20여 킬로미터 떨어진 곳이다.

8월에 이원익 주도로 왜군이 주둔해 있는 평양성을 공격했
다. 아래는 그에 대한 기록이다.

도원수 김명원이 순찰사 이원익과 순변사 이빈으로 하여금 군사를 거느리고 평양으로 진군하여 공격하게 했으나 이기지 못했다.

당시 이원익 등은 순안順安에 주둔하여 천여 명 군사를 끌어모았는데 정예 군사가 제법 많았다. 방어사 김응서金應瑞, 별장 박명현朴命賢 등은 용강龍岡·삼화三和·증산甑山·강서江西 등 바닷가 여러 고을의 군사 만여 명을 거느리고 20여 둔屯[군사 집결지]에 배치하고 평양 서쪽을 압박하며 때로 작은 무리의 적을 소탕하면서 성 밖까지 이르렀으나 적은 끝내 나오지 않았다. 별장 김억추金億秋는 수군을 거느리고 대동강 입구에 웅거하였고, 중화中和의 별장 임중량林仲樑은 2천 명 군사를 거느리고 보루를 쌓아 주둔하며 지켰다.

행조行朝[임금이 있는 피난 중의 조정]에서는 평양의 적세賊勢가 쇠약해져 우리 군사가 충분히 진격하여 취할 수 있고 또 명나라 군사를 기다리고 있을 수만은 없다고 여겨 영을 내려 진격하기를 재촉했다. 이에 삼로三路의 군사가 함께 나가 정탐하는 적을 만나 두어 명을 쏘아 죽였는데, 얼마 안 되어 적병이 크게 이르자 관군이 놀라 강가에서 흩어져 도망했다. 이에 용병勇兵이 많은 피해

를 입었다. 세 번 싸워 모두 패했으므로 물러나 본소本
所에 주둔했다.

—『선조수정실록』권26, 25년 8월 1일

7월 초 600명 정도 병사를 모았다고 말했던 이원익은 8월에 군사를 1,000여 명까지 모을 수 있었다. 선조는 평양성에 있는 왜군이 쇠약하고, 명나라가 참전하여 군대를 보내기만 기다리고 있을 수 없다고 판단했다. 하지만 결과적으로 조선군의 공격은 성공하지 못했다. 세 번 공격을 시도했지만 결국 성공하지 못하고 물러나고 말았다.

평양성을 탈환하고 민심을 안정시키다

1592년 12월 이여송李如松(1549-1598)이 4만 병력의 명나라 군대를 이끌고 참전했다. 그리고 1593년 1월 8일 이여송의 명군과 이원익의 조선군이 연합하여 평양성을 탈환했다.

평안도감사이자 순찰사인 이원익은 명나라 이여송의 실질적 상대역이었다. 그는 이 역할을 탁월하게 수행했다. 앞에서 말했듯이 그는 뛰어난 중국어 실력자였다. 행정 실무와 중국어에 모두 능통했다. 명나라 최고 지휘부와 일반 역관이 할 수 없는 수준의 의사소통이 가능했다.

조선의 대신들은 이여송과 명나라 장수들에게 전혀 대등한 대화 상대가 되지 못했다. 그들은 오만했고, 조선의 정승까지 무릎을 꿇려 모욕 주는 것을 아무렇지도 않게 여겼다. 하지만 이원익에게는 그렇게 하지 못했다. 이원익은 행정에 능통했고, 부지런했다. 명나라 장수들도 자신들이 필요로 하는 것들을 결국 이원익을 통해서 해결할 수밖에 없었다. 물론 이 과정에서 이원익이 명나라 장수들과 처음부터 원만한 관계를 맺었던 것은 아니다. 특히 군량 조달은 큰 문제였다. 명나라 장수 양호楊鎬와 이원익의 관계가 이를 잘 보여 준다.

양호는 정유재란이 발발하자 명나라의 명령으로 1597년 7월에 조선에 왔다. 9월에 있었던 직산전투에서 큰 공을 세운 인물이다. 양호는 군사작전의 비밀을 유지하기 위해서 처음에는 군량이 조달되어야 할 장소와 시간을 이원익에게 미리 알려 주지 않았다. 그러자 이원익이 시간과 장소를 미리 알아야 군량을 조달할 수 있다고 말했다. 당연한 말이다. 양호는 처음에 이원익의 요구를 무시했지만, 곧 이원익의 합리적 요구에 따를 수밖에 없었다.

당시는 전시였다. 평상시 행정력이 작동할 수 없는 상황이었다. 양호와는 군량 운반 문제로 다툼이 있었지만, 그보다 더 근본적인 것은 군량을 마련해 내는 것이었다. 그것은 백성들과의 관계에서 해결해야 하는 문제였다. 평소에 나라에 은혜 입은 것이 적은 백성들에게 전쟁 중에 군량을 마련해 내게 한다는 것은 매우 어려운 일이었다. 이원익은 이 어려운 상황에서 백성들 사정을 살펴 가며 곡물을 조달해 내는 어려운 일을 수행했다. 그런 한편으로 병력도 모집했다.

이여송은 평양성 탈환 후 준비가 부족한 상태로 경솔히 한양까지 탈환하려다가 경기도 고양 벽제관에서 왜군 반격에 거의 목숨을 잃을 뻔했다. 이후 그는 개성으로 물러나 다시 공격을 시도하려 하지 않았다. 왜군 역시 다시 반격해 오지 않았다. 이 상태에서 명나라와 일본 사이에 강화회담이 시작되고 전쟁은 교착상태에 들어갔다. 전투가 소강상태이고 전쟁이 교착상태에 있어도, 이원익의 일은 끊이지도 줄지도 않았다. 전쟁으로 피폐해진 백성들을 돌봐야 했고, 명나라 군대에 식량을 조달해야 했으며, 군사들을 모아서 훈련시켜야 했다.

1593년 2월, 이원익은 평양성 탈환의 공로로 종1품으로 승진했다. 당시는 왜군에게서 한양을 되찾은 직후였다. 당시 조정에서는 서울로 되돌아가는 문제가 논의되고 있었다. 그에게 수여된 숭정대부 품계는 그간의 노고와 공로에 대한 포상이자,

그림 4 　이원익선생 영정-평양생사당구장영정平壤生祠堂舊藏影幀, 충현박물관

더 중요하게는 왕이 떠난 후 평안도를 위임한다는 뜻이 담겨 있었다. 아직 유동적인 전황戰況 속에서, 선조는 전쟁 수행의 최후 근거지 평안도를 그에게 맡긴 것이다. 1593년(선조 26) 이후 조정에서 이원익의 명망은 확고해졌다.

이원익은 1595년(선조 28) 6월에 우의정에 임명되어 한양에 돌아간다. 평양성 탈환 이후 한양 복귀까지 2년 남짓한 기간 동안 이원익의 행적에 대해서는 기록이 자세하지 않다. 그런데 이 기간 이원익의 활동을 간접적으로나마 짐작할 수 있는 기록이 있다. 이원익이 떠난 후, 평양 백성들은 이원익을 위해서 자발적으로 사당을 세우고 제사를 지냈는데, 최립崔岦(1539-1612)이 쓴 「생사영향사生祠迎享詞」가 남아 있다. 최립은 17세에 진사가 되고, 21세에 문과에서 장원을 차지하여 일찍부터 유명했던 인물이다. 당대 최고 문장가로 인정받으며 중국과의 외교문서 작성에 공이 많았다. 제문이 길어서 이원익의 행정적 조치와 관련된 내용만 추리면 아래와 같다.

蓋在壬辰
대개 보건대 지난 임진년에
邦家播蕩
국가가 요동치며 피난길을 떠나게 된 나머지

上保岐坰

주상께서 서쪽 땅에 머무르게 되셨습니다.

公由六座

공께서는 판서의 신분으로

命攬巡軷

순찰사 임무를 부여받으시고

則尹我京

우리 서경西京의 어른으로 부임하셨습니다.

安州之政

한 지방을 편안하게 다스리는 정사로 말하면

朝藉宿望

조정에서도 예전부터 중망重望을 받으셨던 터라

輿聽亦傾

천인들까지도 경청하며 기대하고 있었습니다.

及公下手

급기야 공께서 손을 대기 시작하자

雖屬草創

모든 것이 어설프고 어수선한 때였으나

綽然有成

여유작작하게 성취되었습니다.

八路學壞

팔도의 교육 기관이 모두 파괴되어

斯文[3]幾喪

사문이 거의 망할 지경에 이르자

公首治黌

공께서 제일 먼저 학교를 세우기 시작하였습니다.

中外師散

서울이고 지방이고 군대가 뿔뿔이 흩어졌을 때

一旅誰倡

근왕병을 일으키자고 누가 수창首唱[처음으로 외침]했습
니까.

公勤練兵

정예 군사를 부지런히 양성했던 것은 바로 공이었습니다.

亂離饑疫

난리 통에 기아와 병으로 신음할 때

省撫墟莽

공께서 황야의 백성들을 어루만져 위로하며

起死以耕

기사회생시켜 농사짓게 했습니다.

大援西來

구원병이 대거 서쪽에서 건너올 때

孚驩軍將

공께서 중국 장수의 마음을 기쁘게 해 주면서

以無援驚

소요를 일으키는 일이 없게 하였습니다.

自奉貶削

자신의 생활은 또 얼마나 검약하였던가요.

性而非強

이는 천성이요 억지로 하는 게 아니라서

吏化於淸

관리들도 모두가 맑게 변화되었습니다.

…

其存體統

체통을 일정하게 지키고 유지하면서도

河海爲量

강과 바다처럼 도량이 넓으시어

怨用不生

원망하는 말 한마디 일어나지 않았습니다.

其辦公幹

공무를 처리하는 면에 있어서도

游未趣償

한가로이 노니는 듯 상償은 안중에도 없었으나

人見鬼營

사람들은 귀신 같은 경영 솜씨를 보았습니다.

…

狄徵自寧

영주寧州에서 부름받은 적인걸狄仁傑이나[4]

宋愛遺廣

광주廣州 땅에 사랑 남긴 송경宋璟쯤은 되어야[5]

差與重輕

공과 조금 견줄 수 있다고 할 것입니다.

— 최립, 『간이집簡易集』 제1권, 「제문祭文」

　　전쟁 중에 이원익은 학교를 다시 세우고, 병사를 모아서 정
예군으로 양성했다. 백성들을 보살펴 다시 농사짓게 했고, 중국
장수들이 소요를 일으키지 못하게 했다. 스스로 근검절약하여
관리들까지 청렴하게 변화시켰다. 무너졌던 일상을 회복시키
면서 전쟁을 할 수 있는 힘을 길렀던 것이다. 이런 일들은 이 시
기에 반드시 해야 하지만 대단히 하기 어려운 일이었다.

이원익의 정승 승진을 둘러싼 논란

이원익은 1593년 5월 평양성 탈환의 공로로 종1품 하下계인 숭정대부崇政大夫 품계에 올랐다. 그런데 평안감사 품계는 종2품이었다. 직책과 품계가 맞지 않아도 이원익이 수년 동안 평안감사 자리를 유지했던 것은, 평안도를 지켜내는 일이 당시 전쟁 상황에서 절대적으로 중요했기 때문이다. 평안도는 임진왜란에서 조선이 8도 중 지켜냈던 유일한 도였다. 평안도를 지켜냄으로써 조선은 나라가 망할 위기에서 벗어날 수 있었다. 1594년(선조 27) 끝 무렵이 되면 전쟁 상황이 점차 바뀌었다.

1594년 11월에 좌의정 자리가 비자 영의정 류성룡이 몇몇 사람들과 함께 이원익을 복상단자卜相單子에 올렸다. 아래는 그와 관련된 『선조실록』 기록이다. 이를 보기 전에, 우선 복상에 대해서 간단히 말하면, 이는 조선시대 의정급 관원을 선발하는 방식이다. '卜相복상'이라는 말은 이 자리에 앉을 사람의 길흉을 점쳐서 뽑았다는 고사에서 나왔다. 절차는 국왕이 자신의 비서기관인 승정원에 복상하라는 왕명을 내리는 것으로 시작된다. 명을 받은 현임 의정들은 복상단자를 작성하는데, 이는 임명 대상자들 리스트이다. 복상단자를 받은 국왕은 대상자 이름에 낙점하는 것으로 새 의정을 결정했다. 새로운 정승의 임명에 임금과 현임 정승이 의견을 함께하는 방식이다.

비망기로 이르기를,

"평안감사가 바뀐다면 어떤 사람이 그를 대신할 수 있겠는가?" 하니, 류성룡이 회계하기를,

"평안감사의 소임은 지금에 있어서 그 비중이 극히 크니, 경솔히 바꿀 수 없습니다. 가령 다른 사람이 그 직을 맡아도 결국은 이원익이 그대로 있는 것만 못할 것입니다. 신이 이런 사정을 모르는 것은 아니나 다만 [이원익이] 인망이 집중된 사람이기 때문에 부득불 정승으로 추천한 것입니다. 대신할 만한 사람은 워낙 시간이 없어서 자세히 알지 못하겠습니다" 하였다. [임금이] 비망기로 이르기를,

"평안감사의 직책도 중요하지만 정승만큼 중요하겠는가. 만일 이원익으로 정승을 삼는다면 그대로 체찰사體察使[직책]를 부여해서 그로 하여금 남쪽 지방으로 내려가게 해서 여러 장수를 거느리게 하며, 그 대신으로는 이덕형李德馨을 [평안감사로] 보내는 것이 어떻겠는가? 잘 생각해서 아뢰라" 하였다. 류성룡이 다시 보고하기를,

"하교를 받고 보니, 양쪽의 처리 대책에 있어서 극히 타

당합니다. 다만, 오늘날 상황으로 볼 때 평안도는 근본 구실을 하는 지역이고 이원익은 전부터 오랫동안 그곳에 있어서 그곳 백성들과 서로 이미 매우 진숙해졌기 때문에 호령을 할 때나 무슨 일을 시행할 때 더욱 편리하게 할 수 있습니다. 이덕형은 재주나 기량은 그 직을 충분히 감당할 만하지만 듣기로는 친상親喪을 당해 너무 슬퍼하여 몸이 워낙 쇠약해졌다 하니, 많은 일을 처리하기 어려울 듯하므로 신은 염려가 됩니다. 그러나 성상의 재량에 달려 있을 뿐입니다" 하니, 알았다고 답했다.

—『선조실록』권57, 27년 11월 6일

선조는 전쟁 상황을 면밀하게 지켜보고 있었다. 이제 왜적이 남부지방으로 내려가서 다시 서울을 위협할 것 같지는 않았다. 그에 반해 남부 지방 상황은 위급했다. 여전히 왜군이 머물러 있었고, 민생은 극도로 피폐했다. 이원익 같은 사람이 필요하다고 생각했던 것이다. 이런 생각을 영의정 류성룡에게 말했는데, 류성룡의 입장은 선조보다 좀 더 신중했다. 그는 이원익이 좀 더 평안감사로 있으면서 평안도를 지키고 있어야 한다고 생각했다. 결국 선조도 류성룡 의견에 따랐다.

해가 바뀌자 1596년(선조 29) 2월에 정승 자리를 채워야 할 일이 다시 생겼다. 류성룡은 또 한 번 이원익을 포함시킨 복상단자를 제출했다.[6] 곧이어 이원익의 품계를 종1품 상上계인 숭록대부崇祿大夫로 올렸다. 이에 대해서 실록은 "이원익이 평안도관찰사로 있으면서 선정을 베풀어 한 도의 인민들이 [그를] 부모처럼 사랑했고, 군졸을 훈련시켜서 큰 성과를 거두었으므로 특별히 임금의 총애를 받아 이와 같이 품계를 올린 것이다"라고 기록하였다.[7] 이원익은 평안감사로 있으면서 1만 명의 군대를 모으고 그들을 제대로 훈련시켰다. 전쟁 중 2년 만에 이룩한 성과였다. 이윽고 이원익을 정승에 임명하는 문제를 놓고 조정에서 논의가 벌어졌다.

> 유영경이 아뢰기를, "관서 지방도 중요하지만 남쪽 지방이 더욱 긴급하니 이원익을 남쪽 지방으로 보내는 것이 가장 좋겠습니다" 하니, 상이 이르기를,
> "내가 영상[류성룡]에게 '이원익을 [도]원수로 삼고 이덕형을 평안감사로 삼으면 어떻겠는가?'하고 [전에] 물었더니, 영상이 불가하다고 했기 때문에 그만두었던 것이다" 하였다.
> 이항복이 아뢰기를, "[도원수로는] 이원익이 낫습니다" 하

니, 상이 이르기를,

"이원익으로 [도]원수를 삼는다 해도 적을 물리치는 일
은 내가 기필하지 못하겠다" 하였다. 이항복이 아뢰기
를, "그 일은 이원익이라 하더라도 능히 하지 못합니다"
하고, 유영경은 아뢰기를, "이원익이 본디 이덕형보다
낫습니다" 하였다. 상이 이르기를,

"평안도는 어떻게 할 것인가?" 하니, 유영경이 아뢰기를,
"남쪽 지방에 우려가 없는 연후에 서쪽 지방을 보전할
수 있습니다" 하자, 상이 이르기를, "평안도도 근본 구
실을 하는 지방이니 이원익을 체직시키는 것은 좋지
않다. 그러나 내가 한 말과 여러 재상이 답한 말을 상세
히 다 적어서 비변사와 상의해 처리하라" 하였다.

—『선조실록』 권60, 28년 2월 20일

유영순이 아뢰기를,

"[도]원수를 교체하는 문제는 중대한 일이므로 소신이
감히 아뢸 수 있는 바가 아닙니다. 그러나 적을 칠 일이
바야흐로 급박한데, 어찌 [저의] 월권 여부를 꺼려서 아
뢰지 않겠습니까. 밖의 여론은 모두 원수[권율]에게 실
책이 있다 하는데, 조정에서는 갈아치우기를 어렵게

여기고 있습니다. 이원익 같은 이를 어찌 도원수로 삼지 않습니까. 관서가 비록 중하지만 어찌 남쪽 지방의 위급한 처지와 같겠습니까. 이 사람을 보내지 않으니, 여론이 모두 울분에 차 있습니다" 하니, 상이 이르기를, "관서의 방백方伯을 교체시키기는 어려울 것 같다" 하자, 정곤수가 아뢰기를, "유영순의 말이 매우 옳습니다" 하였다.

상이 이르기를,

"이원익을 대신할 사람을 생각해 보라. 비록 재주가 있는 자라도 일의 전말을 모르고 갑자기 맡는다는 것은 어려울 듯하다" 하였다. 유영순이 아뢰기를,

"중국 군사를 접대하는 일이 비록 중요하지만 지금은 남쪽 지방이 더욱 급박합니다. 소신의 말은 다만 여론을 아뢰었을 뿐입니다" 하였다. 상이 이르기를,

"만일 경중을 논한다면 이원익을 당연히 원수로 삼아야 하고 이덕형을 관서 방백으로 제수하고 싶은데, 단 지금은 이미 늦어서 적기에 미치지 못할 것 같다" 하였다.

—『선조실록』권60, 28년 2월 22일

위에서 '비망기'라는 말이 나온다. 간단히 말하면 비망기는

국왕의 명령을 하달하는 하나의 형식이다. 왕이 내시를 시켜 승정원에 전달했다. 비망기가 조선 건국 초부터 있었던 것은 아니고 중종 대(재위 1506-1544)에 나타나서 선조(재위 1567-1608) 때 정착했다. 선조는 비망기를 많이 내렸다. 비망기를 국왕이 직접 쓰는 경우는 많지 않았고 대개는 내시가 담당하는 승전색承傳色이 주로 작성했다. 비망기는 왕이 형식에 얽매이지 않고 조정 현안에 바로바로 대응할 수 있는 수단이 되었다.

1594년(선조 27) 말에 미뤄 두었던 이원익의 보직 및 근무지 변경 문제가 해가 바뀐 후 다시 제기되었다. 전쟁 상황이 크게 달라진 것은 아니지만 위 사료는 남부 지방 상황에 대한 좀 더 상세한 내용을 보여 준다. 남부 지방은 두 가지 문제로 고통받고 있었다. 하나는 왜군이 여전히 버티고 있어서 이들과의 전투를 어떻게 할 것인가 하는 문제이고, 다른 하나는 극심한 민생 피폐였다. 여기에 또 하나의 문제가 있었다. 도원수 권율이 상황에 제대로 대응하지 못했고, 그에 대한 백성들의 원성이 높았다. 유영순은 남부 지방 상황을 말하면서 이원익을 내려보내야 한다고 주장했다. 실은, 선조도 이전부터 그렇게 생각하고 있었다. 다만 이원익이 평안감사 역할을 워낙 잘해 왔고, 여전히 평안도가 중요했기에 후임을 어떻게 할 것인가가 문제였던 것이다.

우의정 겸 4도 도체찰사로 통제사 이순신을 만나다

이원익은 1595년(선조 28) 6월에 최고의 품계인 정1품 상上계 대광보국숭록대부大匡輔國崇祿大夫 우의정에 승진했고, 동시에 경상·전라·충청·강원 4도 도체찰사를 겸하여 맡았다. 도체찰사란 임금에게 보고하기 전에 먼저 재량으로 군사 명령을 내릴 수 있는 최고권자를 말한다.

1594년 중반 이후로 전쟁은 소강상태로 접어들었다. 전투는 잦아들고, 명나라와 왜 사이에 강화회담이 진행되었다. 전선戰線은 완전히 서울 아래로 내려가서 고착되고, 이제 서울이 왜군의 군사적 공격에 위협받지 않게 되었다. 반면에 오랜 전쟁 때문에 남쪽 지방은 극도로 황폐해졌다. 당연히 민심 이반이 심각했다. 이원익의 장기인 주도면밀하고 마음을 다하는 관리가 필요한 상황이었다. 이원익이 현직 관찰사에서 정승으로 곧바로 승진한 것은 조선 건국 이래 200여 년 만에 처음 있는 일이었다.

이원익은 상경 즉시 새로 부여된 임무 수행을 위해서 한산도로 향했다. 이때 한산도에는 수군통제사 이순신의 수군이 주둔하고 있었다. 이원익은 한산도의 군대 배치 상황을 살펴본 후 이순신을 크게 칭찬했다. 그리고 이순신의 권유에 따라 이원익은 지친 병사들을 위해서 방산旁山에 올라 소를 잡고 잔치를 베

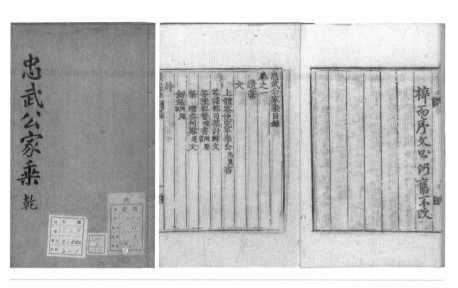

그림 5 『충무공가승』, 이봉상 엮음, 1716, 한국학중앙연구원 장서각 소장

풀었다. 이 일 이후 방산은 '정승봉政丞峯'으로 불리게 되었다. 이
원익 문집의 연보에 이에 관한 기록이 나온다.

공이 영루營壘를 살펴보고 방수방략防守方略을 점검해
보고는 크게 기특하게 여겼다. 공이 돌아오려 할 때 이
순신이 가만히 공에게 말하기를 "체상體相께서 이미 진
鎭에 오셨으니, 한번 군사들에게 잔치를 베푸셔서 성상
의 은택을 보여 주심이 어떻습니까?" 하니, 공은 뜻은
좋으나 아무런 준비를 하지 않았다고 대답했다. 그러

자 이순신은 이미 [자기개] 잡을 소와 술을 준비해 놓았으니 허락만 하시면 잔치를 베풀 수 있다고 아뢰었다. 공이 크게 기뻐하며 허락했다. 마침내 소를 잡아 잔치를 베풀고 군사들의 재주를 시험하여 상을 주니, 군사들이 모두 기뻐하며 사기가 하늘을 찔렀다. 이를 기념하여 후인들이 그 땅을 '정승봉'이라고 불렀다.

—『梧里先生續集附錄』권1,「年譜」

이원익의 행정은 신속하고 실용적이었다. 허례나 허식을 배격했다. 이는 행정적으로 대개는 바람직한 태도였다. 하지만 때로 실용적인 것만으로는 부족할 때가 있다. 이원익은 각 지역의 방수방략, 즉 왜군에 대한 전투준비 태세를 점검하며 순시하고 있었다. 그런데 전투는 결국 병사들이 하는 것이고, 그들의 사기가 중요했다. 계속된 전투와 훈련으로 병사들은 지쳐있었다. 병사들에게 위로가 필요한 때였고, 이순신은 그것을 알고 있었다.

물론 이순신이 자체적으로 일종의 회식인 잔치를 열 수 있었을 것이다. 하지만 도체찰사 이원익은 왕을 대신하는 존재였다. 이순신보다 더 높은 지위와 권위를 대표했다. 이순신은 자신이 베푼 잔치보다 이원익이 베푼 잔치가 병사들 사기를 더 크게 높일 것이라 생각했을 것이다. 이원익은 이를 즉시 이해했다. 이원익은 잔치를 위한 물자를 가지고 있지는 않았지만, 그 효과를 높일 수 있는 지위를 가지고 있었다. 이순신은 그것을 이용했던 것이고, 이원익은 그것에 흔쾌히 동의했던 것이다.

두 사람은 이때 처음으로 만났다. 하지만 이후에 일어났던 여러 가지 일로 판단해 보면, 그들은 이 만남으로 서로를 높이 평가했고 정서적으로도 크게 공감했던 것 같다. 사실 두 사람은 서로 비슷한 면이 있었다. 각각 과거의 문과와 무과를 통과한 후, 능력은 출중해도 처세술이 부족하여 여러 해 동안 하급 관직에 머물렀던 것도 유사했다. 아무튼, 이순신과의 만남 이후 이원익은 계속해서 호남의 여러 곳을 순행했고, 이어서 영남으로 건너와 현재의 경북 성주星州에 체찰부體察府를 설치했다.

이원익은 무엇보다 왜군의 살육과 약탈, 조선 정부의 군량 징발에 지친 백성들을 돌보는 일에 힘썼다. 하지만 그의 일은 여기에 그치지 않았다. 그는 상소를 올려서 남쪽 지역의 군대와 지휘관 배치에 대해서도 큰 흐름을 잡아냈다. 그는 영남의 경우에 강의 형세가 좌우가 크고 넓어서 위급한 상황에서 신속하게 대응하기에 적절치 못하다고 보았다. 그는 군대를 한곳이 아닌 좌우로 나누어 배치하도록 했다. 또 선산에 금오金烏산성, 경주에 부산富山산성, 달성에 공산公山산성, 함안에 황석黃石산성, 창

녕에 화왕火旺산성을 새로 쌓거나 보강 개축했다.

이원익이 건의한 지휘관들의 배치는 그가 인물들의 역량을 파악하는 데 상당한 감식력을 지녔음을 보여 준다. 그는 통제사 이순신을 거제에 주둔시켜서 남해안에 포진해 있는 왜군을 막도록 요청했다. 또 곽재우郭再祐(1552-1617)를 변경에 두어 해변을 지키게 하고, 영남 출신으로 지리와 인정에 밝은 순찰어사 정경세鄭經世(1563-1633)를 영남지방의 산성 수축 임무에 배치하도록 건의했다.

3
___

계속되는 정쟁,
정치에서 물러나다

선조의 의도에 맞서 이순신을 변호하다

1596년(선조 29) 10월 이원익은 선조의 부름을 받고 서울로 돌아왔다. 이원익을 보자 선조는 이순신에 대해 이것저것 집요하게 물었다. 그 질문에는 이순신에 대한 깊은 불신이 깔려 있었다. 이것은 많은 것을 함축하면서 앞으로 일어날 일들을 예시豫示했다.

이미 1594년에 조정에서는 원균元均(1540-1597)과 이순신 사이의 '갈등'이 거론되기 시작했다. 사실, '갈등'이라고 말하는 것은 정확하지 않다. 이순신에 대한 원균의 원망 혹은 비방이라고 해야 옳다. 두 사람 관계가 이렇게 된 근본 원인은 임진왜란 발발 이후 이순신이 원균보다 훨씬 탁월한 성과를 올리며 또 높은 평가를 받았기 때문이다. 두 사람은 어릴 때 서로 알던 사이였다. 허균許筠(1569-1618)에 따르면 자신의 친가가 건천동(현 서울시 중구 충무로 지역)에 있었는데, 모두 34가구였다고 한다. 그리고 류성룡, 자신의 형, 이순신, 원균이 모두 여기서 태어났다고 했다. 전쟁 전만 해도 이순신은 여러 가지 점에서 원균에 훨씬 미치지 못했다. 집안의 수준이 그랬고, 무과에 붙은 나이와 성적이 그랬고, 무과 합격 이후 관력官歷이 그랬다. 나이도 원균이 5살 많았다.

친근한 사이에도 사회적 위계가 있을 뿐 아니라, 그것을 내면화한 심리적 위계도 있는 법이다. 오랫동안 그 위계에서 지인보다 위쪽에 있었던 사람이 어느 순간 그 아래쪽에 놓이게 될 때, 그것을 이성적으로 받아들이는 것은 쉬운 일이 아니다. 원균이 그랬던 것 같다. 원균의 이순신에 대한 원망은 어느 순간 비방으로 바뀌었고, 그것이 조정에 전해졌다. 여러 연구는 이때 선조가 특별한 이유 없이 원균 쪽으로 기울어, 이순신을 부정적으로 바라보았다고 말한다. 더구나 선조는 이미 이원익이 서울에 올라오기 전에 이원익에게 이순신에 대한 '은밀한 단서'를 잡으라고 지시한 바 있었다. 그것에 대해 이원익은 선조의 기대에 반하여 이미 두 번이나 이순신의 충성됨을 비밀스레 보고했었다.

당시 선조는 정치적으로 몹시 곤혹스러운 상태에 놓여 있었다. 전쟁이 일어나자 싸워 보려고도 안 하고 명나라로 망명하려 했던 선조의 행석은, 백성들은 물론 사대부들에게도 공분을 일으켰다. 아무리 왕조국가여도 임금이 모든 것을 마음대로 할 수는 없다. 더구나 조선은 사대부들의 사회적 영향력이 컸다. 심지어 선조 28년 3월 명나라 신종神宗 황제는 광해군에게 보내는 칙서에서 선조를 직접적으로 '실패한 왕'으로 규정했다. 선조로서는 몹시 견디기 힘든 일이었다. 실제로 그는 스스로 왕위에서 물러나겠다고 신하들에게 여러 차례 공언했다. 물론 그것이 그의 진심은 아니었다. 왕이 그렇게 말하면 신하들은 말릴 수밖에 없고, 이를 통해서 선조는 자신의 지위를 재확인했다. 선조로서는 이런 상황에서 백성들 신망을 얻으며 전쟁영웅으로 떠오른 이순신에 대해 결코 기쁜 마음으로 그 승리를 축하할 수 없었다. 아랫사람의 공이 너무 크면 상을 주기 어려운 법이다. 그 공이 윗사람의 지위와 권위를 위협하기 때문이다.

선조는 먼저 이순신이 임무에 힘쓰는지 물었다. 그러자 이원익은 그가 부지런히 근무할 뿐 아니라 한산도에 군량이 많이 쌓였다고 답했다. 이어 선조는 이순신이 태만해졌다는 여론이 있다면서 이순신의 사람 됨됨이를 추궁하듯 물었다. 이에 이원익은 그가 장수 가운데 가장 쟁쟁한 인물이며 태만한지는 알지 못하겠다고 했다. 선조는 이순신이 군 지휘자로서 자질이 있는지 다시 물었다. 이원익도 물러나지 않았다. 경상도 주둔 장수들 가운데 이순신이 가장 훌륭하다고 이원익이 말하자 그제야 선조의 물음이 그쳤다. 이원익도 선조가 자신에게 어떤 답변을 듣고 싶었는지 알았을 것이다. 그럼에도 그는 자신이 이순신에 대해서 했던 생각을 조금도 바꾸지 않고 선조에게 말했다. 이원익은 강직한 사람이었다. 이런 모습이야말로 조선이 재상에게 기대하는 모습이다. 조선의 재상은 임금과 생각을 같이하기 어려우면 물러나야 했다. 군신의 지위를 핑계로 임금의 잘못을 따라가는 것은 조선의 재상에게 기대되는 모습이 아니었다.

도원수 권율과 갈등하다

본래 이원익이 우의정 겸 4도 도체찰사로 남부지방에 내려갈 때, 교통정리가 정확히 되지 않았던 사항이 있다. 도원수 권율과 도체찰사 이원익의 관계, 즉 두 사람 사이의 지휘체계를 명확히 하지 않았던 것이다. 이원익이 남쪽으로 내려가게 된 이유들 중 하나도 권율이었다. 권율이 피폐한 민생을 안정시키는 데 별다른 역할을 하지 못했다. 정확히 말하면 오히려 민생을 더욱 악화시키고 있었다. 때문에 조정에서는 권율을 해직하고 이원익으로 대신하는 것도 논의했었다. 하지만 결국 권율을 도원수에 그대로 둔 채, 이원익이 도체찰사 직임을 띠고 임무를 수행하게 되었다. 그리고 예상했던 대로 두 사람 사이에 갈등이 발생했고, 1597년 1월에 이원익의 종사관이 이원익이 쓴 문서를 가지고 선조에게 왔다.

오시午時[오전 11-오후 1시]에 상이 도체찰사 종사관 홍문관 교리 노경임盧景任과 첨지중추부사 고급사告急使 권협權悏을 인견했다. 상이 노경임에게, "무슨 일 때문에 왔는가?" 물으니, 노경임이 아뢰기를, "사실이 모두 장계 가운데에 있습니다. 이원익과 권율이 마침 가까운 곳에 있는데, [각자가] 조치하는 규획規劃이 같지 않기 때문에 신으로 하여금 친히 와서 아뢰게 한 것입니다" 하였다.

상이 이르기를, "같지 않다고 하는 것은 무엇을 말하는가?" 하니, 아뢰기를, "이원익은 일을 반드시 자세히 살핀 연후에 하는데, 권율은 일의 크고 작음을 가리지 않고 급하게 하므로 같지 않음이 많기 때문에 이원익에게 고민이 많습니다" 하였다.

상이 "간섭하기 때문에 그런가?" 물으니, 아뢰기를, "규획이 같지 않아서입니다" 하였다. 상이 이르기를, "그래서는 안 된다. 도원수는 마땅히 체찰사를 따라야 한다. 전장戰場에 임해서는 혹 스스로 결단할 일이 있겠지만, 평일에는 원수가 체찰사의 지휘를 받아야 한다" 하였다.

우부승지 허성許筬이 아뢰기를, "원래 명호名號가 많아서 여러 장수가 영을 들어야 할 [자신의] 주장主將을 모릅니다. 이미 '원수元帥'라 이름했으면 원수 역시 마땅히 스스로 결단해야 하고, 또 남의 절제節制를 받아야 한다고 하면 부사副使라고 호칭해야 합니다" 하였다.

—『선조실록』 권84, 30년 1월 24일

[병조판서] 이덕형이 아뢰기를,

"체찰사[이원익]가 종사관까지 보내 보고했는데, 조정에서는 다만 편지만 내려보냈을 뿐 별달리 조치한 일이 없습니다. 이후에도 이같이 하면 말할 수 없게 됩니다" 하였다. 상이 이르기를, "이는 작은 일이 아니다. 지난 겨울에 원수[권율]의 장계를 보니 '감사監司 이용순李用淳은 뜻을 펴지 못하고 있다…' 하였기에 내가 매양 이상하게 여겼는데, 지금 생각해 보니, 대개 체찰體察을 가리키는 말이다. 이 사람들의 호령이 서로 견제되는 것이 염려할 만하다" 하니, 이산해가 아뢰기를, "호령이 서로 견제되면 반드시 패하는 법입니다" 하였다.

상이 이르기를, "내가 종사관에게 이르기를 '원수와 체찰사 사이는, 전쟁에 임해서는 보고해서 허락받을 겨를이 없으나 보통 때에는 모든 일을 상의하고 의논해야 한다. 어찌 체찰사가 백성들만 살필 수 있겠는가' 했었다" 하였다. 이덕형이 아뢰기를,

"체찰사가 한번 호령을 내렸는데, 또 도원수가 호령을 내리니 호령이 여기저기서 나오면 일의 형편이 매우 어렵게 됩니다. 중국처럼 한 사람은 군량을 주관하고, 한 사람은 군사를 주관하게 하는 것이 어떻겠습니까?"
하자, 상이 이르기를,

"명호名號는 다르나 한 아문衙門이니, 이 제독提督은 군사를 주관하고 송응창宋應昌은 군량을 주관한 일과는 같지 않다" 하였다. 류성룡이 아뢰기를,

"두 사람의 의논이 서로 달라서, 원수의 뜻은 4-5만 군사를 조발하고자 하고, 체찰사의 뜻은 산성山城을 수축하고 청야淸野하면서 기다리고자 하니, 두 사람의 뜻이

서로 어긋나 있습니다. 그러므로 그 이하 장관將官들
이 누구를 따라야 할지 모릅니다. 만약 한 아문을 만들
면 원수는 마땅히 부원수副元帥가 될 뿐이며, 도원수都元
帥로 칭호하면 도원수는 싸움만을 주장할 따름입니다.
밖에서 헤아리건대 어떻게 처리해야 할지 모르겠습니
다" 하였다.

─『선조실록』권84, 30년 1월 27일

체찰사 이원익과 도원수 권율 사이의 갈등은 완전히 해결되
지 않은 채, 조정은 뚜렷한 조치를 취하지 않았다. 권율의 행동
도 이해하지 못할 바는 아니다. 위에서 볼 수 있듯이 도원수는
군사적으로 위에 상관이 없는 직책이었다. 또 권율은 이원익보
다 10살 많고, 선조 초반에 영의정을 지냈던 권철權轍의 아들이
다. 권율 자신도 문과 출신이고, 그의 사위가 바로 조정의 중신
이항복이다. 이런 여러 가지 이유 때문에 이원익과 권율의 갈등
은 지속되었다. 그러던 중에 이원익의 상소가 올라왔다.

비망기로 이르기를,
"지금 도체찰사의 보고서를 보니 이번의 조처에 대해
서 전혀 알지 못했다고 한다. 이같이 국가의 성패가 이

번 거사에 결판이 나는 것을 헤아리지 못하고 체찰사
가 막연히 모르고 있었다니 매우 해괴한 일이다. 설사
십분 의심의 여지도 없어 성공이 정해져 있다고 해도
그 체통으로 보아 그렇게 해서는 안 되는 것이다. 도원
수[권율]를 추고推考하여 힐책할 것인지를 의논해서 조
처하도록 비변사에 말하라" 하였다.

비변사가 비밀히 회계하기를, "이원익이 이미 체찰사
의 명을 받고 4도의 사무를 총괄하게 되었으니 원수
이하가 모두 [그의] 절제節制[조정이나 통제를 받음]를 받아
야 합니다. 그렇다면 권율은 대소 군무軍務를 모두 [체
찰사에게] 품의하여 명령을 받아 시행해야 합니다. 그런
데 이번에 수군과 육군을 아울러 거병擧兵하는 실로 말
할 수 없이 중대한 일에 대해 막연하게 가부를 품의하
지도 않고, 심지어는 체찰사가 만나 보고 일을 의논하
려고 세 차례나 전령을 보냈지만 나아가지도 않았으
니 극히 부당합니다. 도원수는 비록 상급자가 없는 장
수이기는 하지만 절제하는 권한을 이미 도체찰사에게
위임했는데 권율이 어찌 전혀 [체찰사 이원익에게] 품의하
지도 않고 자기 뜻대로 행동할 수 있겠습니까. 잘못함
이 이렇게까지 되었으니 실로 엄중히 논핵해야 마땅합

니다. 다만 이처럼 적과 대치하고 있는 때를 당해서는 경솔히 처리할 수 없으니 힐책하는 글을 내려 그의 잘못을 알도록 함이 마땅할 듯합니다. 도체찰사는 이 때문에 자책하여 사직을 청하기까지 했는데, 잘못은 오로지 권율에게 있으니 이것을 혐의하는 것은 부당합니다. 사관史官을 보내 회유回諭하소서. 또 거듭 군율軍律을 엄히 하도록 여러 장수를 경계함으로써 지금부터 법에 어긋나는 일이 있을 때는 한결같이 군법에 따른다는 뜻을 하유下諭하심이 어떻겠습니까?" 하니, 아뢴 대로 하라고 전교했다.

— 『선조실록』 권85, 30년 2월 25일

위에서 말한 수군과 육군의 합동작전이란 서생포에 주둔해 있는 가토 기요마사加藤淸正의 적진을 공격하는 것이었다. 명나라 장군 양호가 이끄는 군대와 권율이 이끄는 조선군의 서생포 왜성(현 울산광역시 울주군 서생면 서생리)에 대한 연합작전이었다.

권율은 이 대규모 전투에 대해서 이원익과 전혀 협의하지 않았다. 그러자 이원익은 자책하며 사직을 청하는 상소를 올렸던 것이다. 이에 대해서 조정에서는 권율의 잘못임을 분명히 했다. 더구나 명나라와 조선의 합동 공격은 실패로 돌아갔고 대단히 많은 아군 전사자가 발생했다. 이후 권율은 자신의 잘못을 인정하고 체찰사 이원익의 명을 받아들였다.

다시 이순신을 변호하다

1597년(선조 30) 1월 가토 기요마사가 이끄는 첫 번째 왜군 1만 병력의 재침을 시작으로 정유재란이 시작되었다. 그런데 정유재란 발발 직후인 2월 말에 이순신은 한산도에서 압송되어 3월 초에 한양의 옥에 갇힌다. 승지에게 내린 비망기에 나오는 선조가 열거한 이순신의 죄명은 엄청났다. "이순신은 조정을 속였으니 임금을 무시한 죄요, 적을 쫓아 치지 않았으니 나라를 등진 죄요, 거기에다 남의 공을 빼앗고 또 남을 모함한 죄와 방자하고 거리낌 없는 죄가 있다." 이순신에 대한 처형을 전제로 하달된 비망기였다.

이순신이 하옥된 직접적 이유는 명령 불복종이었다. 1596년에 적장 고시니 유키나가小西行長는 조선에 화의를 맺을 것을 청했다. 동시에 자신의 참모 요시라要時羅를 시켜 경상도병마절도사 김응서金應瑞에게 첩보를 알려 왔다. 그 내용은 두 나라 사이에 화의가 추진되지 못하는 것은 가토가 반대하기 때문인데, 마침 그가 단지 한 척 배로 대마도에서 부산으로 올 예정이라는 것이다. 그리고 가토의 기패旗牌, 즉 그가 탄 군선軍船에 단 깃발의 모양과 색깔까지 알려 주었다. 많은 조정 인사가 그 말에 크게 휩쓸렸다. 도원수 권율도 이순신에게 부산으로 진격할 것을 권했다.

하지만 이순신의 판단은 달랐다. 한산도에서 부산까지 가려면 도중에 반드시 왜군 적진賊陣을 경유해야 했다. 그렇게 되면 반드시 아군의 형세가 노출되어 왜군에게 공격받을 가능성이 매우 높았다. 또 부산에 당도해서는 바람을 안고 적과 싸워야 했다. 이순신은 적의 말을 믿고 시험 삼아 전투를 할 수는 없다고 판단하여 출전하지 않았다. 조정의 압력이 더욱 가중되자 이순신은 미적거리며 시간을 끌었고 결국 약간의 군사로 정찰을 하는 데 그쳤다. 그러자 나중에 요시라가 또 와서 가토가 이미 바다를 건너와 버렸다고 말하며 조선 수군은 어째서 이런 기회를 놓쳤냐고 추궁했다. 그렇게 되자 이순신이 머뭇거리다가 적을 놓쳤다는 비난이 폭풍처럼 일어났다. 나중에는 이순신을 참수해야 한다는 말까지 나왔다.

이 당시 이순신의 하옥은 기본적으로는 정치적 이유에서 빚어진 일이다. 이순신은 류성룡의 사람으로 인식되고 있었다. 당시 상황에서 그것이 그리 틀린 것도 아니었다. 그는 28세 되던 해에 무인 선발시험의 하나인 훈련원 별과에 응시했으나 시험장에서 달리던 말이 쓰러지는 바람에 말에서 떨어져서 왼발을 다치고 실격했다. 그가 무과에 합격한 것은 4년 뒤인 1576년(선조 9)으로, 32세가 되어서였다. 시험성적도 썩 좋은 편은 아니었다. 무과에 합격한 지 13년 만인 1589년(선조 22)에야 비로소 고을 현감에 임명되었다. 현감은 종6품 직이다. 그랬던 그가 불과 2년 후인 1591년(선조 24)에 류성룡의 천거로 정3품 당상관堂上官인 전라좌수사에 임명되었다. 조선시대에 당하관에서 당상관으로 올라가는 것은 마치 오늘날 군대에서 장성에 승진하거나 대기업에서 이사가 되는 것에 비유할 수 있다. 당상관과 당하관의 차이는 그만큼 현격했다. 지금 보면, 류성룡이 당시 이순신을 천거한 것은 조선이 임진왜란 때 나라를 보전할 수 있었던 가장 중요한 결정이다. 하지만, 당시에는 누가 봐도 이순신이 류성룡의 사람으로 보일 수밖에 없었다. 『연려실기술』은 다음과 같이 말한다. "순신은 류성룡이 천거한 사람이었다. 성룡과 사이가 좋지 않은 자들이 떠들썩하게 순신이 군사의 기회를 잃었다는 것으로 죄를 만들었는데, 그 뜻은 성룡을 잡자는 데 있었다." 당시 남인의 영수였던 류성룡은 조정에서 북인 세력의 공격을 받고 있었다.

이순신이 옥에 갇힌 상황에서 영남에 있던 이원익이 상소하여 이순신에게 씌워진 혐의가 사실과 다르다고 말했다. 사실 원균은 조정에 올린 상소에서 전쟁 초기에 자신의 병력 지원 요청에 이순신이 적극적으로 응하지 않았다고 비난한 바 있다. 이에 대해 이원익은 이순신과 원균이 그 맡은 바가 각각 있으니 이순신이 가서 구원치 않았다고 죄 될 일은 없다고 말했다. 이원익은 이순신을 하옥하는 것을 세 번이나 상소를 올려서 강력히 반대했다. 이원익은 "적이 두려워하는 것은 수군이요, 수군이 믿는 사람은 순신입니다. 순신은 움직여서는 안 되고, 원균은 써서는 안 됩니다"라고 말했다. 류성룡은 당시 정치적으로 이순신을 도울 수 있는 처지에 있지 못했다. 마침내 조정은 원균을 이순신 후임에 임명했다. 이 결정은 곧 조선 수군과 조선을 크게 위태롭게 했고, 마침내 원균 자신까지 죽음에 몰아넣었다.

류성룡과 정치적 진퇴를 함께하다

조선시대에 전해 내려오는 이야기들 중에 류성룡과 이원익을 비교하는 말들이 있다. 당시에도 두 사람을 함께 거론하는 것이 자연스러웠던 모양이다. 그 말들 중에서 "완평은 속일 수 있지만 차마 속일 수 없고, 서애는 속이고 싶어도 속이지 못한

다"는 말이 있다. 완평은 완평부원군完平府院君을 가리킨다. 임진
왜란이 끝난 후 이원익이 받은 공신 칭호이다. 이 말은 얼핏 들
으면 말장난 같지만, 이 말만큼 두 사람의 차이를 분명히 드러
내기도 쉽지 않다. 말인즉, 이원익은 그 사람 자체가 탁월하게
뛰어나지는 않아도 너무도 순수하고, 그 순수함이 상대에게도
전해져서 속이려는 마음을 먹기 어렵다는 말이다. 속이려는 사
람 자신이 스스로 너무 나쁜 사람이 되는 듯한 느낌을 갖게 된
다는 뜻일 것이다. 반면, 류성룡은 너무나 주도면밀해서 도저히
속일 수 없다는 말이다.

사실, 류성룡과 이원익은 다른 점보다는 비슷한 점이 더 많
았다. 이원익보다 5살 많은 류성룡은 앞에서 말했듯이 서울 건
천동乾川洞(현 서울시 중구 인현동1가 40번지 부근)에서 성장했고, 두 사
람 모두 4부학당 중 동학東學에 다녔다. 또 두 사람은 같은 해인
1564년(명종 19)에 사마시에 합격했다. 류성룡은 생원, 진사시에
모두 붙었고, 이원익은 생원시에 합격하여 거의 비슷한 시기에
성균관에 들어갔다. 류성룡은 2년 뒤인 25세에, 이원익은 5년
후인 23세에 문과에 합격했고, 둘 다 승문원에서 관직 생활을
시작했다. 사료로 확인되지 않지만, 그들은 성균관 시절부터 서
로를 알았을 것이다. 그들은 또 관직 생활을 시작하고 몇 년 후
에 사신단의 일원으로 명나라에 다녀오는 것까지 같은 경험을

한다. 두 사람 모두 중국어에 능통했다. 류성룡이 더 오래 경연 관을 지냈지만 이원익도 짧다고 할 수 없는 5-6년의 경연관 생활을 했고, 두 사람 모두 경연관에 이어 승지직을 지낸다.

공직 경력의 유사성보다 두 사람의 더욱 비슷한 면모는 그들의 청렴함이다. 1601년(선조 34) 두 사람은 모두 염근리廉勤吏에 선정된다. '廉勤염근'이라는 말은 '청백淸白'이라는 말이 너무 높은 수준이기에 감당하기 어렵다는 이유로 대신 쓴 말이기는 하지만 같은 의미이다. 모두 네 사람을 뽑았는데 첫째가 이원익이고 둘째가 류성룡이었다. 이항복이 주관한 일이다. 당시 두 사람 모두 조정을 떠난 상태였다. 조정은 류성룡을 몰아낸 북인 세력이 장악하고 있었다. 류성룡만큼 당파적 공격의 대상이 되었던 것은 아니지만 이원익도 당시 남인으로 분류되었다. 두 사람이 모두 대단히 명예로운 염근리에 선정되었어도 조정에서 별다른 이건이나 반대 목소리는 없었다.

이원익은 류성룡과 정치적 진퇴를 함께했다. 1597년(선조 30) 봄 이순신의 백의종군 사건에서 볼 수 있듯이, 류성룡은 조정에서 정치적으로 수세에 몰려 있었다. 정유재란이 발발하면서 조정 내 갈등은 잠시 수그러드는 듯했지만, 오래가지 않았다. 1598년 6월에 명나라의 병부주사兵部主事 정응태가 경리經理 양호楊鎬를 무고하는 사건과 관련해서, 류성룡은 집중적인 정치적

공격을 받았다. 그는 결국 10월에 영의정에서 물러나 낙향했
다. 그리고 사망하는 1607년까지 다시는 한양에 발걸음을 하지
않았다.

　1597년 1월 정유재란이 시작되고 왜군이 다시 북상하기 시
작했다. 9월 초 왜군이 오늘날 평택과 천안의 중간쯤인 직산稷
山에 이르자, 이원익과 양호는 협력해서 왜군을 물리쳤다. 만약

이곳에서 왜군을 저지하지 못했다면 곧바로 서울이 다시 위험에 처하게 되었을 것이다. 직산 전투는 명나라가 임진왜란 3대 첩大捷의 하나로 꼽는 전투였다. 정응태는 명나라 장군 양호가 큰 전공을 세우자 이를 시기하여 거짓 내용으로 명나라에 보고했다. 그에 더해 그는 조선이 여러 곳에 성城을 쌓는 것에 대해서도 명에 대해서 다른 뜻, 즉 공격할 뜻이 있는 듯이 보고했다. 사실 양호는 여러 명나라 장수 중에서도 헌신적으로 임무를 수행한 장수였다. 때문에 선조와 조선의 여러 대신도 그에게 호의를 가지고 있었다. 조선 조정은 그의 소환을 막기 위해서 노력했지만, 결국 1598년 7월에 본국에 소환되었다. 그러자 조선 측에서는 신속히 명에 사신을 보내서 양호를 변호하고 조선의 축성에 대해서도 오해를 풀어야 할 필요가 생겼다.

조정에서 사신을 파견하는 문제가 논의되자, 선조는 이렇게 말했다. "이번 진주사陳奏使는 반드시 상신相臣(삼정승) 중 하나에서 보내되 능숙한 문장으로 변론할 수 있는 사람이 가야 한다." 이름을 말하지 않았지만 선조가 진주사로 영의정 류성룡을 지목하고 있다는 것을 모두 알 수 있었다. 하지만 류성룡은 노모老母를 이유로 대며 자임하여 나서지 않았다. 좌의정 김응남은 몸이 아픈 상태였다. 결국 우의정 이원익이 진주사 임무를 맡는다. 1598년 8월 초에 이원익은 무거운 임무를 띠고 명나라 수도 베이징으로 떠났다.

본래 선조가 조정 신하들 중에서 오랫동안 가장 친밀하게 여기고 높이 평가했던 인물이 류성룡이다. 하지만 진주사 문제 이후 류성룡에 대한 선조의 태도는 확실히 이전과 온도 차이를 보였다. 류성룡의 정적政敵들이 이를 놓칠 리 없었다. 그들은 집요하게 류성룡을 공격하는 상소를 올렸다. 류성룡이 물러나야 한다는 주장이었다. 류성룡 자신도 물러날 것을 계속 요청했다. 그는 1598년 10월 6일에 결국 영의정에서 물러났다.

류성룡의 사직은 7년이나 끌어온 전쟁의 막바지 단계에서 일어났다. 어떤 면에서 임진왜란은 도요토미 히데요시豊臣秀吉 (1536-1598) 개인의 결정으로 일어난 전쟁이다. 그런 그가 이미 1598년 8월에 사망했고, 조선에 나와 있는 왜군의 철수를 유언으로 남겼다. 조선에 있던 왜군들은 전쟁을 계속해야 할 이유가 없었다. 또 류성룡이 영의정 자리에서 물러나고 한 달 남짓 지난 11월 19일에 이순신도 전사한다. 같은 날 류성룡도 파직되었다. 임진왜란에서 일본과 조선의 가장 중요한 사람들 중 세 사람이 무대에서 사라졌다. 이원익은 조선에 돌아오기 전에 영의정에 임명되었다. 그리고 이덕형(1561-1613)과 이항복이 각각 좌의정과 우의정에 임명되었다.

다음 해인 1599년(선조 32) 1월 초 이원익이 베이징에서 돌아왔다. 갔었던 일을 보고하는 자리에서 그는 무엇보다 류성룡을 힘써 변호했다. 먼저 그는 류성룡이 진주사 임무를 자청하지 않았던 잘못을 범했다는 것을 인정했다. 그러나 이것을 빌미로 한 류성룡 반대파들의 공격은 너무나 터무니없는 것임도 지적했다. 류성룡이 10년 동안 정사를 보필하면서 한 가지도 나라에 도움이 없었다거나, 널리 자신의 사람들을 요직에 심고 임금의 권세를 참람하게 사용해서 류성룡 집에 뇌물이 가득하다는 주장은 전혀 사실이 아니라고 말했다. 실제로, 불과 2년 후 류성룡이 염근리에 선정되고, 그때 조정에서 이를 문제 삼는 사람은 아무도 없었다. 이원익은 류성룡의 청렴하고 나라를 걱정하는 지극한 정성은 실로 본받을 만하며, "아무도 그를 대신할 수 없다"고 말했다.

이원익의 말에 대해 류성룡 탄핵에 나섰던 사람들은 즉각 반격에 나섰다. 이들은 왕에게 이원익의 말을 들어가며, 그렇다면 자신들이 물러나겠다고 말했다. 이원익의 말이 맞다면 자신들이 사실을 날조하여 정치적인 공격을 한 것이 되기 때문이다. 선조는 그들의 사퇴를 허락하지 않았다. 이 과정을 통해서 이들은 선조의 정치적 재신임을 받은 셈이었고, 자신들의 류성룡 탄핵의 정당성을 확보할 수 있었다. 이 상황을 지켜보면서 이원익은 자신도 조정에 있기 어렵겠다고 판단했다. 그는 사직상소를 올렸다. 선조는 이원익의 사직을 받아들이지 않았다. 그는 이원익에게 "우리나라는 옛날 [중국의] 초나라나 제나라가 아니다. 경이 나를 버리고 무엇이 되고자 하는가"라고 말한다. 그러면서도 이원익이 요구한 류성룡에 대한 기존 조치를 되돌리지 않았다. 이후 이원익은 동호초당東湖草堂에 물러나서 계속해서 사직상소를 올린다. 동호는 오늘날 한강에 있는 동호대교 북쪽 끝 강북 지역이다.

1599년은 이원익에게는 정치적 투쟁의 기간이었다. 그는 조정에 나오지 않은 채 서울에 머물며 계속해서 사직상소를 올렸다. 결국 11월에 6번의 사직상소 끝에 공식적으로 영의정 자리에서 물러난다. 이후에도 1602년(선조 35)에 크게 아프기 전까지는 간헐적으로 정사에 간여하기도 했지만, 실질적으로는 선조의 조정에서 은퇴했다. 류성룡과 정치적 진퇴를 같이했던 것이다.

1600년부터 광해군이 즉위하는 1608년까지, 이원익은 서울의 저택에서 지냈다. 집은 그가 태어난 곳과 멀리 떨어지지 않은 한양 동부의 낙산 아래 건덕방建德坊에 있었다. 조정을 떠났어도 그에 대한 선조의 신망과 조정에서의 명망은 전혀 줄지 않았다. 1602년 그가 몹시 아파서 생명이 위태로웠다. 이 소식이 선조에게 전해지자 그는 즉시 어의 허준許浚을 보내 그를 진찰하게 했다. 허준이 돌아오자 선조는 그를 자기 침실로 불러 이

원익의 생사 여부를 물었다. 또 점치는 사람을 불러서 그의 수
명 장단을 점치게 했다. 이원익이 좀 더 살 수 있는지 확인하고
자 했다. 점을 친 사람은 함충헌咸忠憲이라는 사람이다. 선조의
행동은 그가 이원익의 죽음을 국가적인 문제로 생각했었음을
암시한다.

선조는 죽음을 앞두고 광해군에게 "여러 신하 중에 오직 이
원익에게만 큰일을 맡길 수 있다. 나는 후한 예로 그를 대우하
지 못했다. 네가 성의를 보여야 그를 쓸 수 있을 것이다"라고 하
였다. 이 말은 임진왜란을 통해서 선조의 마음속에 자리 잡은
이원익에 대한 신뢰가 얼마나 큰 것인지를 보여 준다.

선조의 생각과 무관하게 이원익 자신은 조정에서 자신이 해
야 할 역할이 끝났다고 생각했던 듯하다. 실제로 그는 이제 60세
에 가까웠고, 북인北人이 장악한 조정에서 정치적으로 소외된
존재였다. 임진왜란 중에 그가 보인 놀라운 활약에서 볼 수 있
듯이 그는 국가의 현안을 해결하는 데에는 매우 탁월했다. 하지
만, 중앙정치의 권력 게임에는 재주를 보이지 못했다. 그가 류
성룡을 옹호했던 것은 정치적으로 영리한 행동이 아니었다. 류
성룡은 정치적 반대 당파에 공격받고 있었다. 이원익이 류성
룡과 거리를 두었다면 조정에서 좀 더 유력한 존재로 남을 수
도 있었을 것이다. 그것이 그에게 너무 힘든 일도 아니었다. 그

는 남인 측 인물로 분류될 수 있는 사람들과 친밀했지만, 그 자신이 본래 고향이나 수학修學과 관련해서 남인의 기반을 가졌던 인물은 아니다. 그는 왕실 인물이었다. 그가 가까이했던, 창석蒼石 이준李埈(1560-1635), 우복愚伏 정경세鄭經世(1563-1633) 등은 류성룡의 제자였다. 이원익은 이들의 능력과 인품을 훌륭히 여겼을 뿐이다. 하지만 조정에서 권력 투쟁에 익숙한 이들에게 이 모든 것은 당파적으로 해석되었다.

이원익이 임진왜란 경험으로 얻은 교훈

임진왜란 이후 이루어진 조선 최대 국정 개혁은 세제稅制 개혁인 대동법이다. 이 개혁으로 조선은 재정 및 민생과 관련된 오랜 국가적 위기를 극복할 수 있었고, 이후 왕조의 지속을 가능케 하는 힘을 얻었다. 대동법은 일시에 성립된 개혁이 아니다. 그 첫 번째 시도가 1608년(광해군 즉위)에 시작된 경기선혜법이다. 경기선혜법 자체가 대동법은 아니지만, 대동법 성립의 첫 번째 계기가 되었던 것은 틀림없는 사실이다. 이 경기선혜법을 처음으로 강력히 주장했던 사람이 이원익이다. 그가 이 개혁을 주장했던 것은 임진왜란 중에 그가 했던 경험이 결정적 단서가 되었다.

　이원익은 4도 도체찰사 임무를 수행하다가 1596년 10월에
한양 조정에 복귀한다. 서울로 돌아오는 길에 그는 지났던 고을
들의 과중한 부역을 줄여 줄 것을 조정에 여러 차례 상소했다.
이원익의 이런 행동은 단순히 백성들에 대한 동정심에서 나온
일과성 조치가 아니었다. 그는 오랜 전쟁으로 황폐해진 민생을
살피는 것이 가장 중요하다고 생각했고, 그것의 핵심은 백성들
의 세금 부담을 줄이는 것이라고 보았다. 조정에 돌아온 이원익
은 선조에게 다음과 같이 말했다.

　　"사람들에게 삶을 즐거워하는 마음이 있은 후에야 윗
　　사람을 친애親愛하며, [그들을 위해] 목숨이라도 버리는
　　법입니다. [백성들에게] 이미 항심恒心이 없고 보면 아무
　　리 그들을 엄한 법으로 묶어서 마음을 움직이지 않게
　　하려 해도, 모두 [살던 곳에서] 떠나 버릴 계획만 갖고 정
　　착해 있을 마음을 갖지 않을 것입니다. 그러다가 한 번
　　고향을 떠나고 나면 바로 도적이 되어 버립니다. 백성
　　의 생활이 곤궁하고 어렵다는 말을 사대부들은 입버릇
　　처럼 합니다. 성상께서도 필시 이 일을 대수롭지 않게
　　여기고 계실 것입니다. 지금 신이 [지방 사정을] 직접 자

세히 보고 왔는데, 왜가 물러가도 국가의 근본이 이 지
경이 되었으니, 크게 근심스럽습니다. 일체 백성을 편
안하게 하는 것을 염두에 두소서. … 오직 백성만이 나
라의 근본입니다. 조정은 이 점을 절실하고 급박한 임
무로 삼아야 합니다. 기타 일들은 부수적인 일일 뿐입
니다. … 백성에게 모두 삶을 즐거워하는 마음이 있게
된 뒤에야, [윗사람과] 더불어 고락苦樂을 함께할 수 있습
니다. 만일 [그들에게] 항산恒産이 없다면, 비록 [조정에서]
명령을 내어도 [백성들은] 따르지 않을 것입니다."

—『선조실록』권81, 29년 10월 21일

　　조선의 사대부, 즉 지식인과 관리들은 입버릇처럼 백성의
곤궁함을 말했다. 그들이 이렇게 말했던 근본적인 이유는 그들
의 공통 교양인 유학이 권력의 정당성을 백성에게 두었기 때문
이다. 하지만 이원익이 보기에 그들 말에는 진정성이 부족했
다. 흔히 그렇듯 배웠다고 배운 것들을 모두 진지하게 믿는 것
은 아니다. 이원익은 심지어 선조조차 이 문제를 절실하고 긴급
한 일로 느끼지 못한다고 생각했다. 그냥 아는 것과 절실히 깨
닫는 것은 완전히 다르다. 절실한 깨달음은 태도와 행동의 변화
를 가져오기 마련이다.

이원익은 이미 임진왜란 이전 두 차례 지방관 근무 경험을 통해 백성들 형편을 소상히 알았다. 더구나 전쟁 중에는 행정력이 무너진 상태에서 군량을 마련하고 군대를 양성해야 하는 책임을 감당했다. 이 때문에 왕과 조정 고관들이 아닌 백성이야말로, 말 그대로 국가 존립의 근본임을 절실히 인식하고 있었다. 정부가 민의 생활을 안정시켜서 백성들 마음을 붙들지 못하면 아무리 법으로 그들을 묶어 두려 해도 떠나 버리고 말았던 것을 자신의 경험을 통해 이미 여러 곳에서 확인했다. 백성이 자신들의 삶을 즐거워하면 나라를 위해 목숨까지 버리지만, 그렇지 못하면 곧바로 도적이 되어 버리는 현실을 그는 생생히 지켜보았다. "사람들에게 삶을 즐거워하는 마음이 있은 후에야 윗사람을 친애"한다는 말은, 임진왜란이 일어나자 선조가 "백성들에게 윗사람을 위해서 죽는 의리가 없어졌다"(『선조실록』 권26, 25년 4월 28일)고 말한 것과 공명共鳴한다. 이원익이 선조가 했던 말을 기억하고 한 말은 아닐 것이다. 하지만 절실한 말은 서로 통하는 법이다. 이원익의 이 말은 그냥 하는 말이 아닌 자신의 전쟁 경험에서 우러난 증언이었다. 그는 자신의 현실 인식을, "민생 이외의 일은 모두 부수적인 일에 불과하다"는 한마디로 요약했다. 바로 이런 현실 인식이 그가 주장했던 공물 개혁 정책, 즉 대동법의 토대였다. 어떤 정책이든 그 뿌리에는 그에 상응하는 개인과 사회의 반복된 경험과 감성이 스며 있기 마련이다.

경기선혜법을 추진하다

　광해군은 1608년(광해군 즉위) 3월 2일에 비망기를 내렸다. 국왕의 공적 직무의 개시가 유예되는 공제公除 기간 후, 처음으로 내려진 광해군의 포괄적 정책 지침이었다. '공제'란 새로 즉위한 왕이 사망한 선왕先王에 대해 취하는 27일간의 공식적 애도 기간이다. 이것은 한 달을 하루로 셈한 삼년상에 해당한다. 왕의 공적 직무가 중단될 수 없다는 것과, 아들이 죽은 아버지에 대해 도리를 다해야 한다는 두 가지를 함께 고려한 기간이다.

　비망기는 광해군이 자신의 즉위에 즈음해서 백성에게 베풀 시혜적 내용을 담고 있었다. 광해군은 우선 선왕의 장례와 관련된 비용 마련으로 인해 불가피하게 빚어질 민생 문제와 국정 전반에 걸친 민생 현안을 언급한 후, 이를 해결할 수 있는 대신들의 의견을 구했다. 조선시대 국왕들은 즉위 즈음에 이렇게 한 번씩 백성들에게 인심을 쓰는 경우가 적지 않았다.

　비망기에 대한 이원익의 응답 상소는 비망기가 내려지고 20여 일 후인 3월 26일에야 올려졌다. 그의 응답 상소가 늦어졌던 이유는, 임해군 문제 때문이었다. 임해군은 광해군보다 한 살 많은 동복同腹 형이다. 임해군은 이미 광해군이 즉위하면서 유배형이 확정되었다. 위의 광해군 비망기가 내려졌던 3월 2일에 그는 이미 교동현喬桐縣에 귀양 가 있는 상태였다. 교동은 서울에서 거리상으로는 멀지 않지만 강화도에서도 더 떨어진 섬으로 조선시대에 중요한 1급 유배지였다. 그런데 유배로 끝이 아니었다. 조정 일각에서는 임해군을 모반죄로 몰아서 죽이려는 논의가 진행되었다. 이원익은 그 논의에 반대해서 한양 집에 머물고 있었다.

이원익은 관직 생활 내내 정치적 사건에 대해서는 늘 온건한 입장을 취했다. 그것이 이원익과 정치적으로 적대적 관계에 있던 사람들조차 그에 대해서 개인적으로는 적대적 감정을 갖지 않았던 이유이다. 심지어 광해군 대에 귀양 가 있던 이원익을 죽여야 한다며 정치적으로 그와 가장 가파르게 대치했던 이이첨李爾瞻(1560-1623)조차 그랬다. 인조반정 직후 참형을 받을 때, 그는 "완평이 [광해군 말년에] 정승에 복위되었다면 우리 일족一族은 반드시 살아남게 되었을 것"이라고 말했을 정도였다. 그는 이원익이 서울로 돌아오기 사흘 전에 처형당했다.

어쨌든 3월 26일 상소에서 이원익은 먼저 "무릇 백성은 나라의 근본입니다. 백성이 없으면 나라도 없습니다"라고 말했다.

그리고는 백성들 사정을 잘 아는 사람 4, 5인을 뽑고 별도로 한 기관을 설치하여 일을 전담시킬 것을 요청한다. 그런데 이원익이 말한 '한 기관'이 반드시 상소 후 한 달쯤 뒤에 성립되는 경기 선혜청을 뜻한다고 보기는 어렵다. 사실 이때만 해도 선혜법宣惠法의 대상 지역이 경기 지역에 한정되지도 않았다. 또 이원익이 언급한 사항들도 세금 중에서 공물을 줄이는 문제에만 그치지도 않았다.

이원익의 상소를 받자 광해군은 6조의 판서들을 그의 집에 보냈다. 이것은 당시 조정에서 이원익의 위상을 보여 준다. 이때는 이원익이 광해군과 임해군 문제를 놓고 일종의 정치적 힘겨루기를 하고 있던 때였다. 광해군의 지시가 내려진 다음 날 병조판서 이정귀李廷龜(1564-1635)를 비롯한 몇몇이 이원익을 만나 보고 와서는, "백성들의 일을 잘 아는 4, 5인 관원"을 중심으로 선혜법의 사목事目, 즉 운영 규정을 만들라는 이원익의 뜻을 전한다. 실제로 사목은 이원익이 말한 대로 만들어졌다. 수많은 공물 항목을 일일이 검토해야 하는 문서 검토 과정을, 병가病暇를 내고 집에 머물러 있는 연로한 이원익이 주관할 수는 없었다. 그것이 재상이 직접 해야 할 일도 아니었다. 이로부터 한 달 남짓 뒤 광해군 즉위년 5월 7일 『광해군일기』에는 경기선혜청의 역사적 성립을 알리는 기사가 등장한다.

경기선혜법 사목은 한 달 정도의 짧은 기간에 완성되었다. 그것이 가능했던 몇 가지 이유가 있었다. '방납防納'의 폐단이 전국적으로 심각했지만, 경기 지역에서 더욱 심각했던 것이 첫 번째 이유였다. 폐단이 심했던 만큼 그 시정에 대한 요구도 높았던 것이다. 방납이란 공물 물품의 질을 문제 삼아, 공물 수취처인 한양 조정의 각 기관들이 공물 수납을 거부하는 것이다. 법적으로 공물은 현물로 납부하는 것이 원칙이었다. 하지만 이미 오래전부터 쌀이나 포布를 현물 대신으로 받고 있었다. 때문에, 방납은 사실상 공물을 받는 기관이 공물가를 높여 받기 위한 핑계였다. 더구나 조선시대에는 경기京畿가 왕기王畿 즉 왕이 직접 다스리는 지역이기에 다른 지역보다 왕의 특별한 은혜가 더해져야 한다는 관념이 있었다. 하지만 현실은 오히려 그 반대였다. 폐단이 심했던 만큼 그에 대한 대책도 시급했다.

둘째는 그 실시 지역이 경기에 국한되었다는 점이다. 이것은 '공물 변통'에서 언제나 제기되는 난점, 즉 현지에서 한양까지 공물의 운반 문제가 논의될 필요가 없었음을 뜻한다. 납부자가 직접 정부 기관에 납부하는 데 별 문제가 없었다. 셋째는 산릉역山陵役이나 조사역詔使役 같이, 함께 처리하기 곤란한 요소들을 선혜법에서 제외했기 때문이다. 산릉역이란 왕이나 왕후의 사망에 따른 국장國葬이 있을 때 산에 묘소를 조성하는 일이며,

조사역이란 중국 사신이 오고 갈 때 그에 따른 각종 노역을 말한다. 산릉역과 조사역은 오늘날 우리가 생각하는 것보다 백성들에게 훨씬 큰 부담이었다. 동시에 그 속성상 수요를 미리 예측할 수 없었다. 결당 16두씩 걷는 선혜법의 정해진 수입 안에 그 몫을 예상해서 포함시키기 어려웠다.

경기선혜법은 이원익의 높은 정치적 명망과 공물 개혁에 대한 그의 평소 열망이 결합하여 맺은 결실이었다. 기록상 선혜법에 대한 논의는 광해군의 비망기에서부터 시작된다. 아마도 이것이 오랫동안 광해군이 '대동법'을 처음 실시했다고 잘못 알려진 이유인 듯하다. 논의가 비망기에서 시작되었다는 것이, 광해군 자신이 선혜법 실시를 원했다는 것을 뜻하지 않는다. 그는 자신이 즉위할 때 민에 대해 다만 일회적 시혜를 베풀고자 했을 뿐이다. 결코, 그것을 항구적 입법으로 제도화하려던 것은 아니다.

광해군은 이원익의 강력한 요구에 따라 처음에는 경기선혜법 실시에 수동적으로 동의했지만, 이후 이 법을 유지하는 것에 대해서는 몹시 회의적이었다. 또 이 법의 실시 지역을 확대하는 것에 대해서는 명확히 반대했다. 실제로 그는 1610년(광해군 1) 봄 선혜법의 계속적 실시를 앞두고 이 법에 대한 자기 생각을 밝힌 바 있다. 자신은 원래 이 법을 시행하기 어려울 것으로 생각했었지만, 선혜청이 방납의 폐단을 제거하려고 한다 해서 일단 그 말을 시험해 보려고 선혜청 요청을 따랐었다고 말했다. 덧붙여서 그는 송나라의 개혁 신법新法을 좋은 의도로 시작했지만, 마침내 커다란 재앙을 불렀다고 말했다. 선혜법에 대한 자신의 부정적 입장을 명확히 드러낸 말이다. 광해군이 말한 "선혜청의 요청"이 바로 이원익의 요청이다. 요컨대 광해군이 선혜법 실시 요청을 받아들였던 것은 당시 이원익의 정치적 영향력 때문이었다. 이렇듯 이원익은 광해군의 백성들에 대한 일회적인 시혜 조치를 항구적인 제도로 바꾸어 냈다.

광해군은 즉위년 가을 경기선혜법을 한 차례 실시한 후, 다음 해 봄에는 이 법을 폐지하려 했다. 그러자 이원익은 법이 성립된 자초지종을 말하며, 적어도 1년은 실시해 본 후에 결과를 평가하자는 의견을 냈다. 이원익에 따르면 이미 이전에도 공물을 '작미作米'하는 것, 즉 공물을 쌀로 내는 개혁 입법에 대해서 조정에서 여러 차례 논의가 있었다. 이원익은 광해군이 민생 문제 대책 마련의 필요를 제기하자, 이를 이용해서 전부터 있었던 논의를 현실화·입법화했던 것이다. 그런데 일단 공물 변통의 논의가 시작되자, 그에 대해 강력한 저항이 일어나서 제대로 추진되지 않았다. 그 과정에서 원래 의도했던 전국적 실시는 경기 지역으로 축소되었다. 말하자면 경기선혜법은 처음부터 경기 지역을 대상으로 했던 것이 아니라, 선혜법 실시에 대한 개혁 반대 세력의 강력한 저항의 결과였다. 이런 측면에서 본다면 이원익이 15년 후 인조반정(1623) 직후에 추진한 삼도대동법은, 광해군 때 이루지 못했던 전국적 공물 변통에 대한 재시도에 다름 아니다.

임해군 사건과 이원익의 정치

　왕과 신하로서 광해군과 이원익의 첫 만남은 나쁘지 않았다. 광해군은 왕위에 오르자 부왕 선조의 유언에 따라 예우를 갖추어 이원익을 자신의 첫 번째 영의정에 임명했다. 하지만 광해군의 공제 기간이 끝나기도 전에 형 임해군이 귀양을 갔다. 조정에서 언론을 담당하는 사헌부 장령, 지평과 사간원 헌납, 정언 등의 고발에 따르면 임해군을 추종하는 무리가 많은 수의 철퇴와 환도環刀를 빈 가마니에 싸서 궁궐 안으로 들여 갔다는 것이다. 1608년(광해군 즉위) 2월 14일 『광해군일기』에 실린 기사이다. 당시 언관 직책은 광해군을 지지하는 북인北人 당파가 장악하고 있었다. 이들의 주장은 임해군이 막 즉위한 광해군을 시해하고 권력을 뺏으려고 했음을 암시했다. 조정 전체가 한순간에 얼어붙는 상황이었다.

이때 이원익은 사헌부와 사간원이 임해군의 반역 음모를 고발해 놓고도 정식 심문 과정에서 모반 사실을 구체적으로 밝히지 못하고 있음을 지적했다. 그리고는 사헌부·사간원 계사啓辭에 '돗자리 속에 철추와 대검大劍을 감추어 몰래 대궐 문으로 들어올 때, 문을 지키던 장졸將卒 중에 본 자가 있다'는 내용이 들어 있으니, 이 장졸에 대해서 심문을 해야만 할 것"이라 말했다. 당연하고 상식적인 주장이다. 그런데 광해군이 이 문제를 대하는 태도에 석연치 못한 점이 있었다. 그러자 이원익은 "이 사건은 지친至親[부모, 자식, 형제 관계] 사이에 일어났습니다. 은의恩義, 즉 은혜와 명분이 함께 존재하는 사이이므로 마땅히 정情으로 용서해야 합니다"라고 말했다. 이원익의 주장에도 불구하고 임해군은 다음 해인 1609년 4월에 결국 유배지 교동에서 교살되었다.

사실 이런 종류의 권력 투쟁에서 광해군이 임해군을 지키려는 명확하고 단호한 태도를 보이지 않는 순간, 결과는 이미 정해진 것이나 마찬가지이다. 최고 권력자의 의중을 짐작하는 측근은 직접적인 지시가 없어도 움직이는 법이다. 마치 사냥개가 주인의 제지가 없으면 사냥감을 물어뜯는 것과 다르지 않다. 광해군은 사냥개들을 제지하지 않았다.

광해군 초년에 이원익은 비록 공식적으로 영의정직에 있을 때도 실제 조정에 머문 기간이 길지 않았다. 그는 한양에 머물며 계속해서 사직상소를 올렸고, 광해군은 이를 계속 거절하며 조정에 나올 것을 명했다. 이원익이 한양에서 그리 멀지도 않은 고향 금천으로 내려가 버리지 않았던 것은, 그의 잇따른 사직상소 제출이 일종의 정치 행위였음을 뜻한다. 이원익쯤 되는 인물이 한양에 머물고 있으면서도 광해군 정권에 참여하지 않겠다는 듯 조정에 나오지 않고 있는 것 자체가 분명한 정치적 메세지였다. 이런 과정이 한동안 지속되다가 어느 순간 광해군은 그의 사직을 받아들였다. 하지만 얼마간의 시간이 흐른 뒤 이원익을 다시 영의정에 임명했고, 그러면 앞의 과정이 다시 반복되었다.

이원익이 영의정 직무를 거부했던 것이 단순히 겸양 때문은 아니었다. 당시 조정에서 실질적으로 가장 강력한 정치적 영향력을 행사했던 사람은 합천에 머물던 정인홍鄭仁弘(1535-1623)이었다. 그는 선조가 죽기 전에, 영창대군을 세자로 삼으려던 선조의 시도를 공개적으로 비판했던 것으로 자신의 정치적 입지를 확보했다. 그는 비록 지방에 있었지만 이이첨을 통해서 조정 상황을 자기 의도대로 관철하고 있었다. 이미 임해군 사건을 처리하는 과정에서 이원익은 정인홍, 이이첨과 매우 적대적인 사이가 되어 버렸다. 이원익이 임해군을 살리려 했던 반면, 두 사람은 그를 죽이려 했다. 인목대비에 관한 문제가 불거지면서 그 관계는 회복할 수 없을 정도로 어긋났다.

광해군 정권의 운영에 정인홍의 의사가 많이 반영되었던 것은, 광해군에게도 좋은 일은 아니었다. 일찍이 이이는 40대 중반의 정인홍을 보고 이렇게 말한 바 있다. "그 사람은 강직하기만 하고 식견이 밝지 못하다. 용병用兵에 비유하면 돌격장을 삼을 만한 자이다." 실제로 임진왜란 때 의병장으로 활약하던 정인홍은 훌륭했다. 하지만 광해군 정권 시기 정치가로서의 정인홍은 이이가 말했던 대로였다. 광해군 정권에게는 물론이고, 자신과 나아가 남명 조식 학파 전체에게도 불행한 결과를 가져왔다. 그는 조식의 수제자였다.

계축옥사 처리 논의에 불참한 이원익

1613년(광해군 5) 4월에 '칠서七庶의 옥獄' 사건이 벌어졌다. 전·현직 고위 관료의 서얼 자제 7명이 조령鳥嶺에서 은銀 상인을 죽이고 은 수백 냥을 강탈했다가 모두 포도청에 붙잡힌 사건이다. 이 사건은 원래 정치적 성격을 띤 사건은 아니고, 단지 평소 서얼 차별에 대한 불만에서 비롯된 절도, 치사 사건이었다. 그런데 이이첨 등 대북파는 이 사건을 정치적으로 조작했다. 즉

이 사건 주모자들을 문초할 때 인목왕후의 아버지이자 영창대군의 외할아버지인 김제남金悌男과 함께 반역을 도모했다고 허위자백하게 했다. 인목왕후와 영창대군의 정치적 위상을 약화시키려는 목적이었다.

이 사건으로 김제남은 1613년 5월 30일에 사약을 받았고, 그의 세 아들과 사위도 심문을 받다가 매를 이기지 못하고 죽었다. 20세 미만은 처형할 수 없다는 법률 때문에 막내아들만 죽임이 잠시 유예되었다가 다음 해에 살해된다. 영창대군은 대군의 지위에서 서인庶人, 즉 평민으로 강등되어서 8월에 강화도에 유배된다. 그리고는 이듬해 2월 강화 부사 정항鄭沆이 그를 불태워 죽인다. 당연히 정항이 자의적으로 홀로 한 일일 수는 없다. 광해군 5년의 간지干支를 따서 이 사건을 계축옥사癸丑獄事라 한다.

계축옥사가 일어나자 사건 처리를 위해서 우의정 심희수沈喜壽가 광해군에게 이 사건이 대단히 큰 사건이므로 여러 대신에게 물어서 처리해야 한다고 말했다. 광해군도 그 말에 수긍하지 않을 수 없어서 대신들에게 어떻게 처리할지 물었다. 그리고는 대신 중에서 누가 논의에 참석하지 않았는지도 물었다. 이원익이 참석하지 않았다고 하자, 광해군은 "완평은 병이 있어서 불참했겠지"라고 말하며 더 묻지 않았다. 아마도 이원익 아닌 다른 사람이었다면 당장 소환되어 불참 원인을 추궁당했을 것이다. 당시 분위기상 불참석은 왕에 대한 항명임이 너무도 명백했기 때문이다. 그런데 이원익에 대해서만은 그렇게 할 수 없었다. 오히려 광해군은 그 자리에 이원익이 참석하지 않은 것을 다행으로 생각했을 것이다.

계축옥사로 임진왜란 때에 크게 활약했던 재상 중 하나인 한음漢陰 이덕형李德馨이 파직된다. 당시 영의정이던 그는, 상소를 올려서 영창대군 나이가 어리니 처벌하지 말 것을 간절히 요청했다. 당시 영창대군은 불과 8세였다. 이덕형의 상소가 올라오자 반대파들의 공격이 이덕형에게 집중되었다. 이덕형은 파직되었고, 크게 상심하여 결국 다음 해에 50대 초반 나이로 사망했다.

4

다시 한번 영의정으로,
임금의 존경을 받는 재상

인목왕후 폐비 논의와 이원익의 목숨을 건 상소

　　인조반정(1623)을 일으킨 세력은 반정의 명분으로 몇 가지
사항을 내세웠다. 그중 가장 핵심적인 명분은 '폐모살제廢母殺弟'
였다. 즉 광해군이 모후母后인 인목대비(1584-1632)를 폐하고 형
제 임해군(1574-1609)과 영창대군(1606-1614)을 죽였다는 것을 가
장 큰 '거사' 명분으로 삼았다. '폐모'와 '살제' 두 가지 중에서도
더욱 치명적인 것은 모후를 폐한 것이었다. 동복과 이복의 형과
동생은 죽였고 계모는 죽이지 않았지만, 더욱 큰 죄는 어머니를
폐한 것이었다. 명분이라는 것은 속성상 사회적으로 사람들이
널리 받아들여야 성립된다. 폐모가 가장 큰 반정 명분이 되었다

는 것은 당시 사회적 이념이 그랬던 것임을 뜻한다.

광해군 5년에 발생한 계축옥사는 인목왕후와 영창대군을 제거하기 위해 정치적으로 조작된 사건이다. 영창대군은 광해군 6년 2월에 이미 유배지에서 살해되었지만, 여전히 인목왕후가 살아 있었다. 광해군 6년 12월에 광해군은 "저주와 흉서凶書 이 두 건의 일로 한 장의 교서를 지어 내일 제출하여 중외에 반포하라"라고 명령을 내렸다. 이 기사의 끝에, 사관史官은 "이때 [인목왕후를] 폐비廢妃하려는 논의가 오랫동안 쉬지 않았는데 상이 이것으로 그 단서를 열었다"라고 덧붙였다. 이 교서의 반포가 결국 폐비 문제로 번져가자, 이원익은 중대한 결심을 한다. 이 논란의 끝이 어디로 귀결될지 분명했기 때문이다.

1615년(광해군 7) 2월에 이원익은 죽음을 각오하고 자제子弟를 물리치고 광해군에게 글을 올렸다. 자신과 가족의 목숨을 걸고 감행한 상소였다.

완평부원군 이원익이 차자를 올리기를,
"삼가 아룁니다. 수년 이래 병으로 물러나 있어서 한 번도 국청鞫廳8에 참여하지 못했고 또 일찍이 외부 사람과 만나지 않았기 때문에 [계축옥사] 추국의 전말 및 외간에 떠도는 말에 대하여 자세한 내막을 전혀 듣지 못

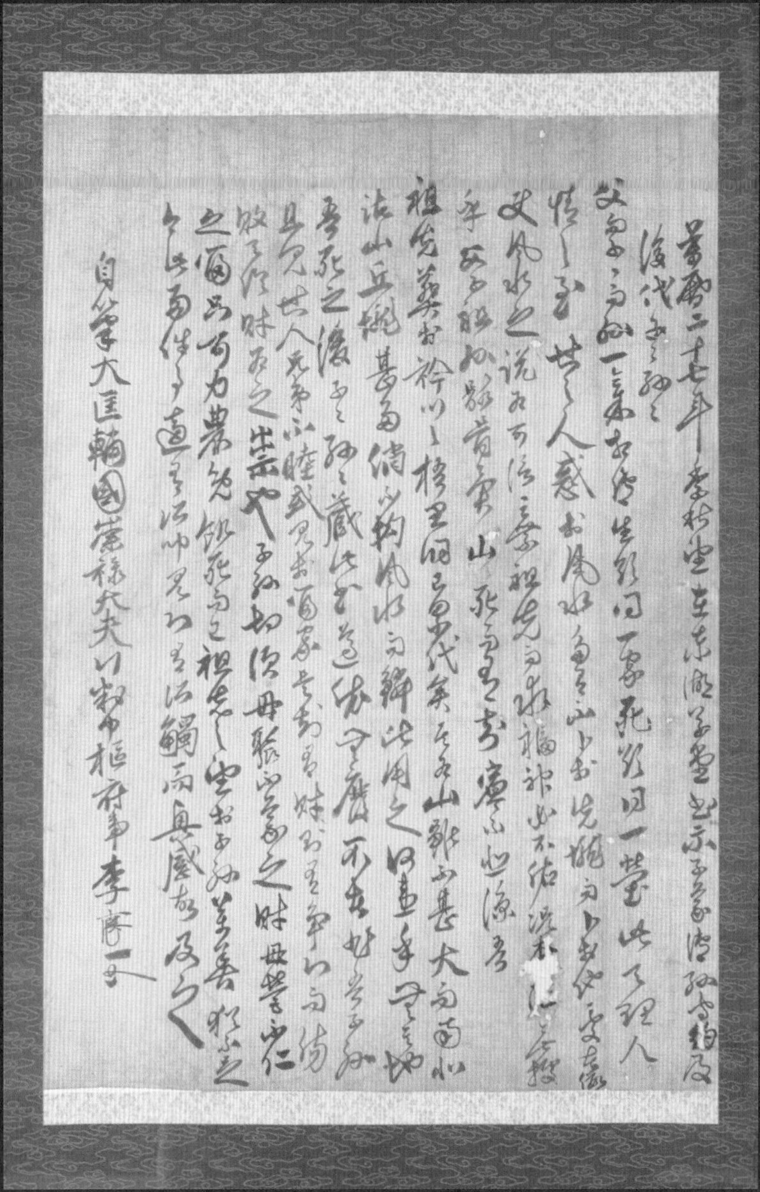

그림 7 이원익, 『서시자손』-자손에게 이르는 글, 충현박물관

했습니다. 지난번에 유생들이 대비大妃를 동요한 대관臺官의 처벌을 청할 때 조정의 의논을 들어보았는데, '대신臺臣[사헌부 관리들]이 각기 거처해야 된다는 말만 했을 뿐, 실로 [대비를] 동요하는 뜻은 없었다' 하고 경연에서도 이런 말이 없었다고 하기에 신이 처음에는 의심하다가 끝내는 그만두고 말았습니다.

지난날 해조該曹가 교서를 반포하려는 일로 [저에게] 수의收議[9]해 왔을 때, 신의 생각에 이 일은 추국의 곡절과 관계된 것이라 병들어 물러난 신하로서 알 일이 아니라고 여겼기 때문에 감히 왈가왈부하지 않았고 해조의 공사公事에 이의를 제기하지도 않았습니다. 그런데 지금 항간에 떠도는 말을 들으니, 머리를 맞대고 흉흉하게 하는 말이 '이로 인해 장차 대비에게까지 미칠 것이다'라고 합니다. 신은 그만 놀라고 간담이 철렁 내려앉아 자신도 모르게 혼비백산했습니다.

어미가 비록 [자식을] 사랑하지 않아도 자식은 [어미에게] 효도하지 않을 수 없습니다. 모자간이란 그 명분이 지극히 크고 그 윤기倫紀[윤리와 기강]가 지극히 무겁습니다. 성인聖人[여기서는 임금 광해군을 가리킴]은 인륜人倫의 극치인데, 성명聖明[현명한 임금]의 시대에 어찌 이런 일이 있겠습니까. 만일 조정에 과연 이 논의가 없었다면 신이 경솔히 항간의 말을 믿고 사전에 시끄럽게 한 것이니 그 죄를 피할 수 없을 것입니다. 바라건대 신이 함부로 말한 죄를 다스려 사람들의 의혹을 풀어 주소서. 그러면 이보다 더 다행스러운 일이 없겠습니다. 임금 사랑하기를 아비 사랑하듯이 하는데, 가진 생각이 있으면 반드시 그 아비에게 고하는 것은 자식의 지극한 정입니다. 신은 숨이 겨우 붙어 있어 머지않아 죽을 것입니다. 성은을 받은 것이 깊었으나 보답할 길이 없으므로 차자를 쓰다가 떨려서 문장이 제대로 되지 않았습니다. 처분을 바랍니다" 하니, [광해군이] 답하기를,

"차자를 보고서 놀라워 마음이 편치 못하다. [인목왕후에 대해] 과인의 떠받듦과 백관百官이 [인목왕후에게] 아침마다 알현하는 것이 여전한데, 경은 어디에서 그런 말을 듣고 문자로 나타내 사람들을 놀라게 하는가. 솔직하게 진술하여 아뢰라" 하고, 이어 전교하기를, "사관史官을 보내 물어서 아뢰라" 하였다.

— 『광해군일기』(정초본) 권87, 7년 2월 5일

이원익의 상소에 광해군은 예민하게 반응했다. 그도 그럴

것이 효孝의 문제는 조선시대에 가장 예민한 정치적 사회적 문제였다. 이것은 마치 중세 유럽에서 군주 개인의 신앙이 그 자체로 예민한 정치적 문제였던 것과 다르지 않다. 광해군은 이원익에게 사관을 보내서 자신이 불효한 것이 무엇인지 추궁했다. 이원익의 상소는 폐비 논의에 기름을 부은 격이었다.

이원익의 상소가 알려지자 삼사는, 임금을 협박하고 역적을 두둔했다며 이원익을 멀리 귀양 보낼 것을 요청했다. 그러자 성균관에 있던 수십 명 생원·진사들이 이원익을 옹호하는 상소를 올렸다. 이 때문에 그들도 모두 귀양을 갔다. 결국 이 일로 이원익은 1615년 9월에 69세의 강원도 홍천洪川으로 귀양을 간다. '임금을 협박하고 역적을 두둔'했다는 무시무시한 죄명에 비해 가벼운 처벌이었다. 광해군 말대로 이원익은 "공훈과 [왕실과의] 척분戚分[이원익이 종친의 후예라는 뜻]이 있는 대신"이고, "조정과 재야에 명망이 무거운 어진 재상"임이 고려된 것이었다. 이원익은 광해군 11년 2월에 고향으로 돌아가라는 명을 받을 때까지 홍천에 머물렀다.

위에서 이원익의 세 가지 평생 업적 중 두 번째로 열거된 것이 광해군 대에 강상綱常, 즉 근본적 윤리 혹은 국체國體를 붙들어 세운 공이었다. 그것은 인목왕후 폐비사건에 대한 이원익의 항거와 귀양을 가리킨다. 이원익의 죽음을 무릅쓴 상소에도 불구하고 결국 인목왕후는 1618년(광해군 10)에 폐비가 되어 서궁西宮, 즉 경운궁慶運宮(현재의 덕수궁)에 유폐幽閉되었다. 유폐란 지금으로 치면 가택연금에 해당한다.

인목대비 폐비사건으로 임진왜란 극복의 주역 중 또 한 재상이 사망한다. 이항복은 인목대비 폐비에 대해서 "진실로 아비가 설사 사랑하지 않더라도 자식은 효도하지 않을 수 없는 것이기 때문에 『춘추春秋』의 의리에는 자식이 어미를 원수로 대한다는 뜻이 없습니다"라고 말하며 반대했다. 이원익이 상소에서 주장했던 것과 정확히 동일한 내용이다. 이항복은 관직이 박탈

그림 8 『백사집』, 충현박물관

되었고, 1618년 1월 초 한거울에 함경도 북청에 유배된다. 이
원익보다 훨씬 가혹한 지역으로 보내진 것이다. 중풍이 재발
된 63세 노인에게는 너무 가혹한 처벌이었다. 그는 한양에서
1,000리도 넘게 떨어진 곳까지 걸어가서 5월 초에 사망한다. 재
상은 임금과 가장 가까이에 있는 존재였기에 무명의 시골 선비
보다 오히려 더 임금에게 말하기 어려웠다. 하지만 재상은 말해
야 할 때는 임금의 뜻에 반해서 말하는 존재여야 했다.

인조반정 당시 이원익의 처신

이원익은 1619년(광해군 11) 2월 유배지인 강원도 홍천에서
유배가 풀렸다. 3년 반 정도의 기간이었고, 이제 그는 73세 노
인이었다. 하지만 고향 금천으로 돌아가지 않았다. 금천은 한
양과 너무 가까웠다. 이것은 조정의 정치 상황에 그만큼 더 직
접적으로 영향받을 수 있음을 뜻했다. 그는 금천보다 거리상 한
양과 훨씬 떨어진, 하지만 배를 이용하면 더 쉽게 접근할 수 있
는 여강驪江 기슭 앙덕리仰德里에 자리 잡는다. 이곳 지명은 지금
도 앙덕리이다. 여강은 경기도 여주를 관통하는 남한강의 당시
이름이다. 이원익은 이곳에서 다시 만 4년을 지내다가, 인조반

정 소식을 듣는다.

이원익이 반정 계획을 사전에 구체적으로 알았던 것 같지는 않다. 인조반정 중심인물들은 반정을 꾸미면서 처음에는 이원익에게 알리려 했었다. 하지만 이원익과 가깝고 그의 인물됨을 잘 아는 정엽鄭曄이 반대했다. "반정에 대해 말했다가 완평이 불가한 일이라 하면 어떻게 하려 하는가?"라고 그가 말하자, 그들은 곧 그만두었다고 한다. 이원익의 원칙주의적인 면모를 고려한 것일 수도 있고, 또 반정이 성공하지 못했을 때 그를 보호하기 위한 것이기도 했을 것이다.

하지만 이원익이 반정에 대해 아무런 기미도 못 알아차렸던 듯하지는 않다. 원두표元斗杓는 인조반정 후 2등 공신에 오르고 인조·효종 대에 크게 활약한 인물이다. 일화에 따르면 반정 전에 그는 앙덕리에 있는 이원익을 찾아가 하룻밤을 보낸다. 밤에 이원익과 같은 방에서 자면서 잠꼬대를 하는 척하며 거사를 말했다. 다음 날 아침 이원익은 다른 곳에서는 이야기하지 말라며 원두표에게 입조심을 시킨다. 반정에 대한 암묵적 동의로 해석될 수 있다. 요컨대 이원익은 반정을 일으키는 데 전혀 관여한 바 없고, 공식적으로는 반정 계획을 사전에 전달받지도 않았지만 아마도 대체적인 예상은 했을 것이다.

반정이 일어나고 10일쯤 후에 이원익이 인조의 첫 번째 영의정 자격으로 창경궁 명정전明政殿에서 인조를 만난다. 경복궁 근정전이나 창덕궁 인정전처럼 명정전은 창경궁의 정전正殿이다. 광해군 정권의 첫 영의정이, 그 정권을 뒤엎고 들어선 정권의 다시 첫 번째 영의정이 되었다. 이원익이 인조를 만나려 한양 도성에 들어오니 오리대감이 오신다며 기뻐하고 혹은 눈물을 흘리는 사람도 있었다고 기록은 전한다. 이원익이 명정전에 들어서자 인조는 환관을 시켜 부축하게 했다. 인조는 "경에게 기대하기를 마치 큰 가뭄에 비를 바라듯 하였다"라고 말했다. 또, "경이 오기를 기다려 국사를 의논해 처리하려" 했고, "경이 나를 버리지 않고 올라와 주어서 너무도 기쁘다"라고도 말했다. 계속해서 인조는 "경의 보좌를 힘입어 위태한 조정이 부지되기를 바랄 뿐"이라고 자신의 소망을 말했다. 『인조실록』에는 이날 만남을 마치고 나오자 4경更이었다고 기록되었다. 4경은 새벽 2시에서 4시까지이다.

　이원익의 평생에 걸친 세 가지 큰 공적 중에서 마지막은 "인조를 만나서 국가 중흥을 도와 이룬 공"이다. 말 자체만으로는 포괄적이고, 애매한 느낌을 준다. 하지만, 역사적 맥락에서 살피면 그 뜻은 명확하다. 인조반정이 일어났을 때 즉각적으로 반정 세력이 한양의 민심을 장악하지는 못했다. 오늘날 같은 대중 매체나 개인 간 소셜 네트워크 서비스SNS가 없는 시대이니 당연하다. 반정을 일으킨 사람들이 어떤 사람들인지 백성들이 즉시 알 수 있는 방법이 없었다. 한양의 민심을 얻는 것은 반정을 성공하는 데 반드시 필요했다. 이때 이원익이 영의정으로 새 정권에 참여한 것은 백성들에게는 일종의 정치적 신호나 다름없었다. 반정 정권은 이원익을 영의정으로 내세움으로써, 백성들 마음을 얻고 정국을 안정시키는 데 큰 도움을 받았다. 이원익이 서울에 도착하자 오리대감이 오신다고 백성들이 기뻐했던 것은 커다란 정치적 의미를 띤다. 이원익을 기다리기를 큰 가뭄에 비를 바라듯 했다는 인조의 말이 과장만은 아니었다.

한편 반정 직후 급박하고 위태로운 상황에서도 광해군은 죽음을 피할 수 있었다. 그것은 거의 전적으로 이원익의 힘이었다. 이원익은 앞서 임해군과 영창대군에 대해서 말했을 때와 똑같은 원칙으로 광해군의 죽음을 막아섰다. 누구보다도 인목대비가 광해군을 죽이려 했다. 친정 가족들과 자신의 어린아이를 잃은 어미의 마음을 헤아려 보면 충분히 이해할 수 있는 일이다. 많은 공신도 광해군을 죽이는 데 반대하지 않았다. 그들의 생각은 인목대비와는 다른 맥락에서 나왔다. 후환을 남겨서 좋을 것이 없다고 생각했을 것이다. 하지만 이원익은 광해군을 죽이자는 주장에 단호히 반대했다. 그는 광해군이 천명天命을 잃어 내쫓겼으니 마땅히 죽여야 하겠지만 자신도 일찍이 그의 신

하였으므로 차마 죽이자고 말할 수 없다고 말했다. 그러자 인조
는 자신도 같은 뜻이라며 광해군을 죽이라는 공신들 요구를 물
리쳤다. 광해군이 강화도로 유배 가는 날 이원익은 몇몇 사람들
과 나가서 광해군을 전송했다. 반정 직후의 분위기상 하기 어려
운 담대한 행동이었다. 이원익은, 오늘 광해군이 이 지경에 이
르게 된 것이 자신의 죄라고 광해군에게 말하며 미안해했다. 광
해군은 눈물을 흘리며 호송되어 갔다.

이원익의 소인론小人論

광해군 대의 정치적 파행에 가장 큰 책임을 지고, 인조반정
후 처형된 사람은 정인홍이다. 그는 인조반정이 나고 다음 달인
4월 초에 89세 나이에도 불구하고 참형斬刑에 처해졌다. 노인을
존중했던 조선의 관행상 있기 어려운 일이다. 하지만 그는 임
해군과 영창대군의 죽음, 그리고 인목대비의 경운궁 유폐에 모
두 관련되었다. 반정이 성공한 이상, 죽음을 면할 수는 없었다.
광해군 재위 기간 동안 그와 이원익의 관계는 좋지 않았다. 위
세 사람의 처벌 문제를 두고, 두 사람은 계속해서 대립했다. 이
원익이 홍천에 귀양 가 있을 때, 정인홍은 그 처벌이 너무 가벼

우니 벌을 더해야 한다고 주장했다. 그런데 후일 『국조인물고國朝人物考』라는 책에 나오는 이원익의 정인홍에 대한 언급은 이원익이 가졌던 인간관의 한 자락을 보여 준다.

인조반정 후에 이원익은 동료 재상 중 하나에게 다음과 같이 물었다. "당신도 나중에 마음이 바뀌어서 소인小人으로 변할 수도 있지 않을까요?" 그러자 그 재상은 "제가 비록 옛 성현들만은 못해도 어찌 소인까지야 되겠습니까?"라고 응답했다. 그러자 이원익은 "정인홍이 젊어서부터 원칙을 지키는 사람으로 유명했소. 누가 그 사람이 폐모론에 관여하리라 예상했겠소?"라고 반문했다. 이어서 그는 "나이 늙고 뜻이 쇠해지고 친구들이 밖에서 권하고 자손이 안에서 충동질하여, 마침내 폐모를 청하는 상소를 올려서 90세 나이에 처형되었소"라고 말했다. 그러면서 "나는 그 일 이후 나 자신은 더욱 조심하고 두려워하며 지냅니다"라고 말했다. 이것은 사람에 대한 이원익의 기본적인 관점을 보여 준다. "나이 늙고 뜻이 쇠해지고 친구들이 밖에서 권하고 자손이 안에서 충동질"하면, 누구나 잘못된 방향으로 변할 수 있다는 것이다. 이런 생각이 그가 공적으로나 사적으로 만나는 모든 사람에게 너그럽게 대하면서도 스스로에 대해서는 엄격히 절제할 수 있게 해 주었을 것이다.

정치가보다는 관리에 가까운 이원익

　이원익과 인조반정 중심인물들 사이의 밀월관계는 오래가지 못했다. 그 첫 번째 계기가 광해군의 폐세자 이질李侄이 아내 박씨와 강화도의 위리안치圍籬安置된 곳에서 탈출하려다 붙잡힌 사건이다. 이것을 처리하는 문제로 조정에서 불협화음이 나기 시작했다. 위리안치란 가족과 함께 있을 수는 있지만 유배지의 집 둘레에 탱자나무 가시울타리를 쳐서 집 밖으로 나올 수는 없게 한 형벌이다. 폐세자빈 박 씨는 자살했다. 이원익은 이질의 목숨을 살려 주어야 한다고 말했고, 언관과 공신들은 인조가 그와의 의義를 끊어야 한다고 말했다. 그를 죽이라는 말이었다. 이 일로 조정에서는 이원익을 비난하는 목소리가 일어났다.

　왜 비교적 젊은 서인들이 중심이었던 인조반정 주동 세력이 당시 정치적으로 남인으로 인식된 이원익이 반정 후 첫 영의정으로 임명되는 데 반대하지 않았을까? 또 반대로 반정 후 얼마 지나지 않아서 그를 비난하는 목소리를 냈던 것일까? 많은 역사적 현상이 그렇듯, 구체적인 사건은 수많은 우연이 개입되어 나타난다. 때문에, 얼핏 보면 아무런 방향성도 없는 듯이 보인다. 하지만, 그 우연들을 전체적으로 감싸면서 상황을 일정한 방향으로 몰아가는 원인이 있는 법이다.

이원익이 광해군의 첫 영의정이었으면서도 다시 반정으로 성립된 정권의 첫 영의정이 될 수 있었던 것은, 우선 그 당시에 전·현직 조정 관료들 중 명망에서 이원익에 버금가는 사람이 없었기 때문이다. 인조반정은 임진왜란으로부터 대략 한 세대 후에 일어났다. 임진왜란 극복에 공이 많았던 핵심 인물들 중에서 인조반정이 일어났을 때까지 살아 있던 사람은 사실상 이원익 외에는 없었다. 류성룡, 이덕형, 이항복 같은 인물들은 이미 사망했다. 더구나 그는 광해군 시절에 '강상을 붙들어 세운 공'이 있었다. 광해군과 적극적으로 대립한 경력도 쿠테타 정권이 내세운 '반정反正'의 명분에 부합했다. 그에 더하여 이원익은 정치적으로 당색黨色이 짙은 사람도, 권력욕이 있는 사람도 아니었다. 서인 입장에서 보면 이원익은 정치적으로 크게 부담스럽지 않은 사람이었다.

이원익의 높은 명망이 반정 정권에서 그가 실질적 힘을 가졌다는 것을 뜻하지는 않았다. 말하자면 그의 정치적 명망은 그만큼의 정치적 힘을 뜻하지는 않았다. 인조반정은 서인이 중심이 되어 일으켰다. 이 때문에 권력 내부에 갈등 요인이 등장했을 때 이원익이 할 수 있는 것은 별로 없었다. 자신에 대한 비판이 들려오자 그는 병을 이유로 집에 돌아갔다. 폐세자에게는 자결형이 내려졌다.

여기서 한 가지 되새겨 볼 사항이 있다. 반정 이후 공신들은 권력의 중심을 비변사에서 의정부로 되돌리는 문제를 진지하게 논의한 바 있다. 따지고 보면 임진왜란 발발 이후 인조반정까지 31년의 시간이 지나 있었다. 이 기간에는 전쟁과 정치세력 교체 등으로 정상적인 정치체계의 작동이 어려웠다. 반정에 성공한 이들은 권력구조를 어떻게 새롭게 재건해야 할지 논의해야 했다. 그런데 이때 이원익은 그동안 비변사 기능이 강화되고 의정부 기능이 약화된 것은 그럴 만한 이유가 있었을 것이라며, 신하가 나라의 대권을 마음대로 해서는 안 된다는 이유로 의정부 권한의 회복에 반대했다. 그에 따라 그 논의도 중단되었다.

이원익 자신도 말했듯이 의정부 권한의 강화는 대신大臣 권한의 강화를 의미한다. 여기에 대해서 후일 이익李瀷이나 안정복安鼎福 같은 남인계 인사들도 크게 아쉬워했다. 특히 안정복은 대신의 권한이 강화되면 이원익 자신이 반드시 그 일을 떠맡게 될 것 같아 마음이 불안해서 그렇게 말했던 것이라고 단정했다. 아마도 당시 상황이 안정복의 짐작대로만 되지는 않았을 것이다. 위에서 말했듯이 당시 이원익은 명망이 높아도 권력은 그에 미치지 못했다. 반정공신이 아니었기 때문이다. 그럼에도 불구하고 이원익의 주장은 재상으로서의 이원익이 정치가 쪽보다는 유능하고 헌신적인 관료에 더 가까운 인물이었음을 보여 준다.

대동법을 다시 추진하다

인조는 반정 후 10일 만에 국정 운영의 최고 책임자들과 만났다. 반정 이후 최초의 공식적인 정책 논의 자리였다. 여기서 인조는 스스로 세 가지 긴급한 국정 현안을 제시한다. 국가재정과 민생 문제, 반정에 따른 논공행상과 관련된 인사 문제, 그리고 군비軍備 문제였다. 하나같이 중요한 문제였다. 잠재적으로 향후 폭발성이 있는 문제들이기도 했다. 실제로 인사 문제에 대한 대처가 잘못되어서 다음 해 '이괄의 난'이 터져 나왔고, 군비 문제는 몇 년 후에 정묘호란(1627)으로, 그리고 끝내는 병자호란(1636)으로 나타났다. 이렇듯 인조반정이 일어났을 무렵에 인조 대를 뒤흔드는 사건들은 이미 예감되고 있었다.

이원익은 세 가지 현안 중에서도 가장 시급한 것이 민생 문제임을 강조했다. 그가 점점 커지고 있던 북방의 군사적 위험을 가볍게 여겼기 때문은 아니다. 이때 이원익은 "앞으로 큰 적이 국경을 짓누르고 중국 군사가 크게 이를 것"이라며 청淸의 군사적 도발을 예상했다. 그러면서도 "민심이 첫째이고 방어하는 것은 끄트머리"이며, "민심이 굳건한 다음에야 도적을 막을 수 있"다고 말했다. 이것은 임진왜란을 직접 겪고 극복한 사람의 경험에서 나온 말이었다. 그의 주장에 따라 인조 초 국정 운영의 기본 방향이 결정되었고, 이 연장선상에서 '삼도대동법'이 추진되기 시작했다.

삼도대동법 추진을 위해 주관기관인 재생청裁省廳이 먼저 설치되었다. 그리고 삼도대동법 사목(운영 규정)을 만드는 일을 재생청에서 주관했다. 이것은 삼도대동법 역시 그 출발은 경기선혜법 때와 마찬가지로 '재생裁省'의 차원에서 시작된 일이었음을 뜻한다. '재생'이란 국가 지출을 줄이고 세금을 삭감하는 것을 뜻한다. 이것의 의미를 이해하려면 조선시대 공물 제도에 대한 약간의 배경지식이 필요하다.

조선시대에는 백성들에 대한 세금 수취가 세 가지 방식으로 이루어졌다. 조租·용庸·조調가 그것이다. '租'는 소위 말하는 전세田稅이고, '庸'은 노동력이고, 마지막 '調'가 각 지역 특산물인 공물이다. 전세는 가을 추수 후에 경작 면적에 따라 한 번에 거두면 되기 때문에 문제가 발생할 여지가 '庸'·'調'에 비해서 상대적으로 적었다. 반면에 '調', 즉 공물은 경작 면적에 따라 거두는 것도 아니고, 한 해에 한 번만 거두는 것도 아니었다. 또 공물의 질質이 해마다 똑같을 수는 없다. 예를 들어서 전라도 영광에서 나는 조기가 매해 같은 양과 질로 잡힐 수는 없었다. 자연에서 얻는 산물이기에 해에 따라 생산되던 것이 생산되지 않을 수도 있고, 많이 나던 것이 거의 나지 않을 수도 있다. 받는 측에서 그 품질을 문제 삼으려면 어떻게든 문제를 만들 수 있었다. 또 지역 특산물이라는 것이 변질되기 쉬웠다. 이것은 현지에서 한양에 납부하기까지 상당한 기간이 필요했기에 매우 중요한 문제가 되었다. 하지만 국가가 법으로 한 번 정하면 그것을 새로 고치기 쉽지 않은 것은 옛날이나 지금이나 마찬가지이다.

정부도 이런 사정을 모르지 않았다. 다만 현실 상황에 따라 제도를 조정하는 속도가 현실의 변화 속도를 따르지 못하는 것이 문제였다. 자연적 변화에 따른 정책적 조정 자체가 없었던 것은 아니다. 어찌 되었든 공물은 그것이 생산되는 곳에서 거두는 것이 원칙이었고, 과도하게 부과되는 경향이 높은 공물가貢物價는 삭감되어야 했다. 공물 산지를 재조정하거나 지나치게 높아진 공물가를 낮추기 위해, 공안貢案 즉 공물 수취 장부를 간헐적으로 개정하는 것은, 조선의 전통적인 재정 운영 방식 중 하나였다. 덧붙여 말하면 이때 공물가란 원칙적으로 현물로 내기로 되어 있는 물품 대신에 그 물품값에 해당하는 미米·포布를 뜻한다. 조선시대에는 17세기 말까지도 미·포를 기본적인 유통 수단으로 사용했다. 그렇게 과도하게 높아진 공물가를 삭감하는 것을 조선은 '재생'이라고 불렀다. 잘 살펴서 너무 높게 매겨져 있는 공물가를 덜어 낸다는 뜻이다. 조선 전기 이래로, 공물 수취에 따른 폐단들은 이따금 '재생'을 통해서 너무 악화되지 않도록 일정한 수준 안에서 관리되었다.

경기선혜법 역시, 입법 당시에는 이전과 다른 제도라기보다는 '재생'의 실시라는 차원에서 이해되었다. '재생'은 이렇듯 조선의 전통적인 공물 변통 방식이었을 뿐만 아니라, 임진왜란 이후 극도로 어려운 민생 현실에서 자연스럽게 요청되었다. 인조 원년에도 상황은 이전과 다르지 않았다. 한편 나중에야 분명해지지만 삼도대동법이 실시되자 이러한 공물 변통의 전통적 방식이자 이전까지 극히 상식적인 조치로 생각되었던 '재생'이, 더이상 공납 문제에 대한 적절한 대응책이 될 수 없다는 증거가 나타나기 시작했다. 그러나 그 증거가 나타났을 때조차 그것을 알아차렸던 사람은 거의 없었다. 다시 인조 원년의 상황으로 돌아가자.

이원익은 인조 원년 4월에 조익趙翼(1579-1655)을 재생청 실무책임자인 낭청郎廳으로 뽑았다. 조익이 삼도대동법 사목 만드는 일을 주관했다. 이원익의 생각에 당시 조정이 힘써야 할 가장 중요한 일은 민생을 돌보는 것이었다. 이것은 구체적으로 백성들에게 과도하게 부과된 잡다한 국가 세금을 줄이는 일, 즉 재생이었다. 그것의 새로운 이름이 대동법이었다. 이원익은 경기선혜법 실시를 주장했을 때와 마찬가지로 재생의 틀 안에서 삼도대동법 실시를 주장했다. 그는 익숙한 이름으로 자신이 정확히 알지 못하는 새로운 시도를 했던 것이다. 사실, 그런 시도가 결국 무엇을 뜻하게 될 것인지를 당시 조정 내에서 정확히 아는 사람은 거의 존재하지 않았다.

삼도대동법은 경기선혜법과 몇 가지 점에서 근본적인 차이가 있었다. 무엇보다 법이 실시될 범위에 큰 차이가 있었다. 삼도대동법 대상 지역인 충청·전라·강원 3도는 재정적 차원에서만 본다면, 사실상 조선 전체와 크게 다를 바 없었다. 경기 이북 지역이 중앙재정에 기여하는 몫은 적었다.

충청·전라·강원 지역은 한양에서 멀기 때문에 대동미 운송이 커다란 문제가 되었다. 이것은 경기선혜법 사목을 만들 때는 논의되지 않았던 문제였다. 오늘날은 석유나 석탄 같은 싸고 안정적인 화석 연료의 사용으로 운송 문제가 전근대와 비교할 수 없이 쉬워졌지만, 전근대에 이는 대단히 큰 문제였다. 전근대의 많은 국가가 중앙집권체제를 확립할 수 없었던 근본적인 이유가 바로 이 문제 때문이다. 경제권과 그에 연동된 생활권이 단절된 상태에서 정치적으로만 종합되기는 어려웠다. 법 실시 범위의 확대는 공물 변통의 기본개념에 대한 근본적 수정을 필요로 했다. 이제 공물 변통은 국가 전체의 재정 운영이라는 차원에서 재설계되어야 했다. 그것은 단순히 공물가를 깎아 주는 '재생' 차원의 문제가 아니었다.

처음에 삼도대동법 사목이 1결結당 16두斗씩 거둔 것 중에서 각 고을에 자체 운영비로 2두씩만을 책정했었던 것은 확실히 경기선혜법의 연장이었다. 경기선혜법이 그렇게 운영되고 있었다. 결은 조선시대에 농토의 면적 단위 이름이고, 두는 쌀 한 말이라고 말할 때의 그 '말'이다.

인조 원년의 삼도대동법은 실시되자마자 많은 문제를 일으켰다. 그중에서도 가장 심각한 것은 민에 대한 중복 수취를 막으려던 조정의 정책 의도가 실패로 돌아갔다는 점이다. 이 문제는 각 관官, 즉 지방 각 고을에서 나타났다. 각 고을에 배정된 결당 2두로는 각 고을 자체 경비를 위한 기존 지출 액수에 절대적으로 부족했기 때문이다. 이렇게 되면 각 고을은 공물 명목으로 백성들에게 추가로 더 거둘 수밖에 없게 된다. 지방 각 고을이 공적으로 지출해야만 하는 경비에 대한 합리적 지급과 민에 대한 엄격한 중복 수취 금지가 공물 개혁이 성공할 수 있는 필수 요소라는 사실이 인조 원년 가을의 삼도대동법 실시를 통해서 분명해졌다. 그 결과 인조 2년 여름에 조익은 각 고을의 경비로 결당 5두씩을 지급해야 한다고 주장했다. 이것은 약 30년 후 성립되는 효종 대의 호서대동법에서 실현된다. 하지만 인조 2년에 조정에서 조익의 주장은 받아들여지지 않았다. 조익의 주장이 어떤 맥락에서 나온 것인지를 정확히 아는 사람은 거의 없었다.

사마광으로 칭송받다가 왕안석으로 비난받다

이괄의 난으로, 인조가 공주公州에 피했다가 서울로 돌아온 직후, 조정에서 삼도대동법에 대한 논의가 벌어졌다. 이 논의가 있던 시기는 1624년(인조 2) 봄의 대동미·포 수취를 앞둔 시점이었다. 이원익은 공물과 관련해서 두 가지를 건의했다. 첫째로 그는 경제의 기본 원칙으로 불필요한 정부 지출을 줄일 것을 주장했다. 그는 계속해서 '재생'의 원칙을 고수했음을 보여 준다. 그리고 그 대상으로 인목대비전과 종묘 제향에 들어가는 물품을 들었다. 인조가 왕실 경비의 절감에 대해서 난처해하는 태도를 보이자 이원익은 '이괄의 난'으로 공주에 머물렀을 때의 절박한 상황을 들어서 인조의 미온적인 자세를 우회적으로 비판했다. 그리고는 전통적인 재생의 원칙을 다시 한번 강조했다. 둘째로 그는 1624년 봄에 실시하기로 되어있는 대동미·포 수취를, 전에 하던 방식으로 되돌릴 것을 주장한다. 말하자면 그가 '이괄의 난' 후 한양으로 돌아와서 했던 첫 번째 발언은, 이제 막 시작된 삼도대동법을 중단하자는 것이었다. 그는 민심 안정이 가장 중요하다고 생각했다. 그는 경기 이외 지역에서는 대동법이 경기에서만큼 효과적이지 않다고 판단했던 것 같다.

물론 이원익이 대동법 확대 실시를 더이상 바라지 않았다고 볼 수는 없다. '이괄의 난'으로 빚어진 정치적 사회적 혼란과 기득권 세력의 강력한 저항이 계속적인 정책 추진을 어렵게 했다. 더구나 개혁정책 추진이 불러온 정치적 역풍은 온통 이원익에게 집중되었다. '삼도대동법'은 그가 주장해서 시작된 개혁이었기 때문이다. 그런데 여기서 생각해 보아야 할 것은 이런 점들을 감안하더라도 이원익이 대동법 중단 ―비록 일시적일지라도― 을 자기 입으로 말한 것을 전적으로 개혁 반대 세력의 맹목적이고 정치적인 공격이라는 외부 환경 요인으로만 돌릴 수 있을 것인가 하는 점이다. 그의 공물 변통론 자체에도, 어떤 한계가 있었기 때문이라고 보아야 하지 않을까.

이원익은 대동법을 이전과 다른 새로운 국가 재정 운영체계라기보다는, 재생의 연장선상에서 민의 무거운 공물 부담을 덜어 주는 방법으로 이해했다. 이원익은 조정에서 가장 숙련되고 경험 많은 관료였다. 또 공물 변통 개혁은 그 세부 내용의 많은 부분이 기존 정책과 경험의 연속선상에 있는 것이 사실이다. 비유하자면 대동법이라는 새로운 '정책 기계'의 많은 부품은, 이전의 조선 재정 운영 기계에서 빼내어 재사용되었다. 하지만 모든 부품이 그랬던 것은 아니다. 대동법의 어떤 부분은 이전과 다른 이념적이고 실험적인 내용을 포함했다. 따라서 이 후자에 대한 이해와 굳은 정책적 신념이 없다면 개혁을 끝까지 밀어붙이는 것에 한계가 생길 수밖에 없었다. 사실 개혁이 어려운 이유 중 하나는 그 예상된 결과를 기존 경험으로는 모두 예측할 수 없다는 것이다. 때문에 개혁에는 본질적으로 특정한 가치를 향해 위험을 내포한 도약이 포함되기 마련이다.

대동법 실시에 따른 반대 세력의 강력한 저항과 그에 따른 혼란은 이 시기 삼도대동법을 이끌던 이원익이 왕안석에 비유되어 비판받는 양상으로 나타났다. 개혁 저항 세력들 일부가 이원익의 삼도대동법을 왕안석의 신법新法에 견주어 공격했다. 선혜법이나 대동법을 왕안석의 신법에 견주어 비판하는 것이 인조 초에 처음 등장한 일은 아니다. 재미있는 것은 광해군 때는 이원익이 사람들에 의해 왕안석王安石의 정적政敵이던 사마광司馬光에 비유되었다는 사실이다. 사마광은 『자치통감資治通鑑』 편찬을 주도한 인물이다. 이 책은 조선시대 사대부들이 필독서로 여기던 책이다. 조선의 사대부들에게 왕안석은 교활하고 위험한 관리의 전형이었고, 사마광은 정직하고 원칙적인 관리의 전형이었다. 물론 오늘날 기준으로 보면 정확한 인식은 아니다.

대동법을 왕안석의 신법에 견주어 비판하는 이데올로기적 공격은 단순히 말에 그치는 공격이 아니었다. 개혁에 반대하는 강력한 사회 세력이 있었다. 반면에 인조 초만 해도 개혁 입법인 삼도대동법 실시를 적극적으로 찬성하는 세력은 거의 찾아

보기 어려웠다. 당시 우의정 신흠은 기득권 세력의 저항에 대해 이렇게 말했다. "[삼도대동법에 따르면 경작지] 10결을 소유한 자는 10석을 내야 하고 20결을 소유한 자는 20석을 내도록 되어 있습니다. 이런 식으로 될 경우 전결이 많으면 많을수록 더욱 고통스럽게 여길 것은 당연합니다. 어떤 이는 "소민小民은 편하게 여기는데 달갑지 않게 여기는 쪽은 호족들이다"라고 합니다. 이 말이 이치에 가까운 듯합니다. 대가大家와 거족巨族이 불편하게 여기며 원망을 하는 것이라면 이 또한 쇠퇴한 세상에서 우려스러운 일이라 할 것입니다." 이는 백성이 편하게 여기는 대동법이 좋은 법이기는 하지만, 기득권 세력이 불편해하니 조정도 입법을 강행하기 어렵다는 뜻이다.

경기선혜법과 삼도대동법 사이에는 큰 차이가 있었다. 전자는 서울에서 가깝고 상대적으로 좁은 범위였고, 후자는 전자보다는 훨씬 멀고 또 훨씬 넓은 범위였다. 이런 실시 범위의 지리적 공간적 차이는 두 공물 개혁의 핵심 내용을 다르게 만들었다. 전자가 재생이라는 전통적인 개념만으로도 그런대로 작동했다면, 후자는 그것만으로는 작동할 수 없었다. 부분적으로 작동한다고 하더라도 애초의 정책 목표와는 큰 차이가 있었다. 하지만 삼도대동법은 기존 공물 변통의 한계를 분명하게 드러내었고, 공물 변통을 성공시키기 위해서 무엇이 더 필요한지를 알

수 있게 해 주었다. 요컨대 이원익이 추진한 공물 변통은 앞 단계를 완성하고, 뒷 단계에서 무엇이 필요한지를 분명히 드러내는 역할을 했다.

왕이 지어 준 집, 관감당

이원익은 1634년(인조 12)에 사망했다. 그가 인조 대에 조정에 실제로 머문 기간은 길지 않다. 하지만 국가적으로 중요한 일이 있을 때마다 조정에 직접 나아가거나, 혹은 상소로 자기 생각을 밝혔다. 그러던 그가 조정과 한양을 떠나기로 처음 마음먹은 것은, 정묘호란 때 세자를 보호하여 전주로 피했다가 돌아온 후부터였다. 무엇보다도 그는 이미 81세의 노인이었다. 본래 병약했던 그는 육체적으로 조정에 나가는 것이 어려웠다. 하지만 이것이 그가 조정에서 물러나기로 결심한 가장 큰 이유는 아니다.

당시 반정공신들 사이에서 갈등이 지속되었는데, 이원익은 영의정이면서도 그 갈등 밖에서 겉돌 뿐 그것을 통제할 수 없었다. 이원익 자신이 반정공신들 일부와 충돌하기도 했다. 물론 그들이 이원익에게 개인적으로 함부로 하지는 못했다. 사실 이

그림 9 이원익 묘소

그림 10 이원익 신도비

원익은 인조반정의 두 주축 김류金瑬(1571-1648)와 이귀李貴(1557-1633)에게도 자신들 앞 세대의 인물이었다. 그들이 아직 문과 합격 이전의 서생이었을 때, 이원익은 이미 정승으로서 임진왜란을 지휘했다. 그의 명망이 워낙 높기도 했지만, 이원익에 대한 인조의 존경심도 대단히 깊었다. 인조는 왕위에 오르기 전부터 이원익을 존경했다. 따라서 가능하면 이원익의 말을 존중하여 따랐다. 이런 상황에서 반정공신들이 이원익에게 함부로 할 수는 없었다. 하지만 그렇다고 상황의 본질적 내용이 달라지지는 않았다. 이원익은 단지 높은 지위만 즐기며 하는 일 없이 조정에 머무는 그런 유형의 인물이 아니었다. 그는 마침내 고향 금천으로 내려간다.

낙향 후에도 인조는 약과 음식을 승지나 사관史官 편에 자주 내려보냈다. 조선시대에 사관이 단지 역사를 기록하는 임무만 수행했던 것은 아니다. 임금의 메신저 역할도 했다. 1631년(인조 9) 정월에 인조는 승지 강홍중姜弘重을 이원익에게 보내서 문병했다. 그는 이원익이 당세 인물 중 가장 높이 평가하며 친하게 지냈던 작고한 전 승지 강서姜緒의 재종 조카였다.

강홍중이 돌아오자 인조는 이원익의 거처에 대해 물었다. 그러자 그는 "그가 거처하는 집은 잡목으로 지은 두어 칸짜리 띠집입니다. 거우 몸이나 들일 정도입니다. 집이 낮고 작고 좁아서 형편없습니다. 그 앞에 식솔이 들어 사는 집은 더욱 한쪽으로 기울어져 곧 허물어질 것같이 누추하여 비바람도 피할 수 없을 듯했습니다. 사람으로서는 살아 나갈 수 없는 집이었습니다. 또 들으니, 그가 살고 있는 땅은 여러 세대 선조先祖의 묘가 있는 산 밑에 있는데 그 곁에 한 이랑의 농사지을 땅도 없고, 또 두어 명 노비도 없어서, 온 집안이 다만 매달 나라에서 주는 쌀로 겨우 목숨을 이어간다고 합니다" 하고 보고했다.

인조반정이 있던 해(1623) 9월에 인조는 이원익에게 궤장几杖, 즉 안석案席과 지팡이를 내렸었다. '정1품으로 70세가 넘어도 국사에 관계되어 사임하지 못하는 신하에게 궤장을 준다'는 『경국대전』 규정에 따른 것이다. 이것은 신하를 명예롭게 할 수 있는, 왕이 내리는 최고의 하사품이었다. 궤장을 하사할 때는 보통 국가에서 연회도 베풀어 주었다. 이 연회에 후배 고위 관료들이 그의 집에 모였던 적이 있다. 이때 김상헌金尙憲도 참석했는데, 그에 따르면 그의 집은 마당에서 말馬을 돌릴 수 없을 정도로 좁아서 집 곁 빈터에 휘장을 쳐서 연회를 베풀었다고 말한 바 있다.

이원익의 집이 짚으로 엮었는지 갈대나 풀로 엮었는지는 확실하지 않지만, 강홍중 말에 따르면 기와집은 아니었던 것이 분명하다. 그나마 매해 지붕을 갈아 주지도 못했던 것 같다. 초가

집도 매해 지붕을 갈고 관리하면 비바람을 못 가리는 일은 없기 때문이다. 더구나 17세기만 해도 양반집은 적어도 수십에서 많으면 수백 명 노비를 보유했다. 당시 노비는 어떤 면에서 토지보다 경제적으로 더욱 중요한 재산이었다. 이원익에게는 한 이랑 전답도 없듯이 몇 명의 노비도 없었다.

강홍중의 말을 들은 인조는 "40년 동안 정승을 지낸 사람이 다만 두어 칸 띠집을 가졌을 뿐이라니…. 만일 모든 벼슬아치들이 그를 본받는다면 백성의 곤궁을 [내가] 어찌 근심하겠는가?"라고 탄식했다. 인조는 이원익에게 새집을 지어 주고 흰 이불과 요를 주어 그의 검소한 덕을 기리도록 하라고 명했다.

이원익이 처음 우의정이 된 것은 1595년(선조 28)이다. 정확하게 말하면 정승이 된 이후 36년이 흘렀다. 조선시대 관리로서, 30세에 문과에 급제하여 70세에 벼슬에서 물러나는 것도 몹시 어려운 일이었다. 70세까지 사는 사람들이 많지 않았던 시절이다. 그런데 이원익의 경우는 정승에 오른 이후 그 지위를 유지한 기간이 거의 40년에 가깝다. 대단히 특별한 경우라 할 수 있다. 그리고 이렇게 긴 기간 동안 최고위 관직에 있었으면서 조금도 재산을 축적하지 않았다는 것은 더더욱 상상하기 어려운 일이다. 인조도 말하듯이 왕의 입장에서 이원익은 더 이상 바랄 수 없이 훌륭한 신하였다. 사실 왕이 신하에게 집을 내려

그림 11 관감당에서 측백

준 것은, 이원익 이전에는 세종이 황희에게 집을 내린 사례가 있을 뿐이다.

그러나 이원익은 왕이 내려 주는 집을 처음에는 거절했다. 직접 집을 지어 주어야 하는 경기감사 입장에서는 난처한 일이 아닐 수 없었다. 그는 조정에 "나라에서 집을 지어 주는 일로 이원익이 다른 고장으로 옮겨 가겠다고 하므로 명령을 받들어 집행하지 못하고 있으니 지극히 황공합니다"라고 보고했다. 그러자 인조는 다시 이원익에게 승지를 보냈다. 자신이 집을 지어 주라고 한 것은 그 뜻이 벼슬아치들에게 본보기를 보이려는 것이라고 말하며 자기 뜻을 받아주면 좋겠다고 말했다. 그때서야 이원익은 왕이 지어 준 집을 받았다. 이 집이 현재 광명시 소하동에 있는 관감당觀感堂이다. 인조는 집과 더불어 노비도 지급했다.

이에 앞서 이원익이 서울을 떠날 결심을 하고 인조에게 허락을 요청하자, 인조는 다음과 같이 말했다. "내가 경을 바라보는 것이 어린아이가 자애로운 어머니를 바라보듯 하오. 이제 경이 떠난다니 나는 어떻게 정치를 하란 말이오?" 인조의 이원익에 대한 마음을 잘 보여 준다.

이원익이 조선시대 재상들 모두를 대표한다고 볼 수는 없다. 재상의 모습을 더 잘 대표하는 다른 더 적당한 사람이 있다는 말이 아니다. 앞에서 말했듯이 조선시대에 재상은 넓게 보면 종2품 이상 고위 관직자들이다. 좁은 범위로 한정한다면 삼정승, 즉 영의정, 좌의정, 우의정으로 좁힐 수 있다. 조선왕조는 500년 이상 지속되었다. 전근대사회 다른 왕조들에 비해서도 상당히 장수한 왕조이다. 조선시대에 정승을 역임한 사람은 모두 360여 명이다. 왕조의 지속 기간을 고려하면 적은 숫자지만, 숫자 그 자체의 크기는 적지 않다. 이런 사정을 고려하면 어떤 한 사람으로 조선시대 재상들의 전체 모습을 대표할 수는 없다.

조선시대에 다른 어떤 시기보다 인물이 많았던 시기가 선조대(1567-1608)이다. 이 시기와 비교될 수 있는 시대는 아마도 세종 시대 정도뿐일 것이다. 이황, 이준경, 이이, 류성룡, 이순신, 정철, 이산해, 이항복, 이덕형 등 지금도 우리가 이름을 알고 있는 유명한 인물들이 한 시대 한 조정에 있었다. 이원익은 이렇게 인물이 많았던 시기에 정승에 올라 40년 가까이 그 지위를 유지했다. 어떻게 그럴 수 있었던 것일까? 동시대인들, 그와 관직 생활을 함께했던 인물들은 그의 어떤 점을 높이 평가했던 것일까?

홍미롭게도 이원익은 잘 알려진 조선시대의 인물 평가 기준에 비추어 봐도 비범하다고 말하기 어렵다. 중국에서 전해진 관리 선발 기준으로 '신언서판身言書判'을 들 수 있다. '身'은 겉으로 드러나는 풍모, '言'은 조리 있는 말솜씨, '書'는 글씨, 마지막으로 '判'은 사물에 대한 통찰력이나 판단력이다. 전하는 바에 따르면 이원익은 키가 몹시 작아서 다른 사람과 대화할 때 올려다보지 않는 사람이 없었다고 한다. 그의 풍모에 대해서 '오단지상五短之相'이라는 말이 전해 내려오는 것을 보면, 키뿐 아니라 팔다리도 모두 평균보다 짧았던 모양이다. 한 마디로 오종종하고 볼품없는 체구였다는 말이다. 또 스스로 말했듯이 말재주나 글재주도 보통 수준 이상은 아니었던 듯하다. 말하자면 신언서판 4가지 기준 중에서 앞의 세 가지는 뛰어나다고 할 수 없었다. 다만 판단력만은 상당히 뛰어났던 것 같다. 모두가 인정하는 그의 장기는 뛰어난 행정 수행 능력이었다. 그런데 조선시대에 행정 능력은 사대부 개인의 우수함을 평가하는 기준으로는 그렇게 높이 평가받지 못했다.

많은 기라성 같은 인물들 중에서 이원익이 재상에 발탁되어

긴 세월 활약했던 것은 동시대 인물들이 그의 특정한 면을 높이 평가했기 때문으로 보아야 할 것이다. 실제로 그가 엘리트 관리로 발탁될 수 있었던 것은 이이의 추천이, 그가 재상으로 발탁될 수 있었던 것은 윤두수의 추천이 있었기 때문이다. 두 사람이 이원익에게서 먼저 주목했던 것은 그의 탁월한 일솜씨였다. 하지만 두 사람이 단순히 행정의 숙련만을 가지고 이원익을 추천했다고 보기는 어렵다. 널리 알려진 대로 이이는 탁월한 경세가이고, 윤두수 역시 당대에 유명한 경세가였다. 두 사람은 이원익에게서 행정적 숙련 이상의 것을 보았다.

이 지점에서 우리는 조선시대에 대한 우리의 이해를 되돌이켜 볼 필요가 있다. 이원익은 경세經世로 당대를 대표하는 인물들에 의해 발탁되어 40년 가까이 재상으로 활동했음에도 오늘날 우리는 그의 어떤 점이 탁월했는지 충분히 이해하고 있지 못하다. 이것은 조선시대에 대한 우리의 이해가 충분하지 못함을 의미한다. 우리는 조선시대에 있었던 사건이나 인물, 그리고 대표적인 제도의 성립이나 조선시대에 간행된 여러 법전의 내용 등에 대해서 어느 정도 알고 있다. 분명히 이런 것들은 조선시대를 이해하기 위해서 알아야만 할 사항들이다. 하지만 더 중요한 것은 조선시대, 조선 사회가 어떻게 작동했는지 대해서 우리가 충분히 이해하고 있지 못한다는 사실이다. 우리가 이해하지 못하는 그 공간에서 이원익이 활동했던 내용이 적지 않게 담겨 있는 것이, 우리가 그의 뛰어남을 이해하지 못하는 이유의 하나일 것이다.

이원익이 조선시대의 재상들 전부를 대표할 수는 없지만, 조선시대 재상이 어떤 존재인지 살펴볼 수 있는 매우 적절한 사례임은 분명하다. 조선시대 재상 중에는 매우 짧은 기간 동안 재상 지위에 있었던 사람들도 있고, 꽤 긴 기간 재상을 지냈어도 별다른 존재감이 없었던 사람들도 적지 않다. 이원익은 40년 가까운 기간 동안 재상 지위에 있었고, 전 시기에 걸쳐서 매우 뚜렷한 존재감을 가지고 있었다.

재상의 활동을 하위직 관리의 직무 수행과 같은 방식으로 파악할 수는 없다. 하위직 관리는 그 직책에 규정된 직무의 수행 성과로 평가할 수 있다. 반면에 재상은 그런 정해진 직무에 대한 관리 감독 기능도 수행해야 하지만, 이것들을 위해서 재상 직책을 설치한 것은 아니다. 재상은 당대의 국가적 과제를 해결해야 하는 존재였다. 따라서 해당 시기 상황에 따라서 재상의 활동은 달라질 수 있고, 결코 표준적인 모습으로 재단될 수는 없다. 이원익은 임진왜란 직전에 재상에 발탁되어 정묘호란 후, 병자호란 전에 사망했다. 조선시대 전체로 보아 가장 격렬한 변화의 시대를 살았다. 이원익을 통해서 재상 활동의 다양한 모습을 볼 수 있다.

이원익은 염근리에 1등으로 추천될 만큼 청렴했다. 정승에서 물러난 후 그의 집은 두어 칸짜리 띠집이었고, 농사지을 땅도 없었고, 또 두어 명 노비도 없어서, 온 집안이 다만 매달 나라에서 주는 쌀로 생계를 이어갔다. 이는 그가 기본적으로 재상의 녹봉으로 살았음을 의미한다. 이원익 자신도 인정했듯이, 이것이 그가 남들에게 선물을 조금도 받지 않았다는 뜻은 아니다. 다만 그것으로 생활의 주요 방편을 삼거나 치부를 하지 않았음을 뜻한다. 조선시대 관리의 녹봉은 많지 않았다. 흉년이 들면 그 녹봉조차 중단되거나 삭감되는 일이 잦았다. 그 녹봉으로는 규모 있는 기와집을 지을 수도, 땅을 넓힐 수도 없었다. 그가 유달리 청렴했다기보다는 녹봉 이외에 다른 치부를 위한 노력을 기울이지 않았다고 해석하는 것이 옳을 것이다.

이원익은 23세 되던 1569년(선조 2)에 관직 생활을 시작해서 1634년(인조 12)에 사망했다. 관직에 있었던 기간이 65년이다. 이 기간은 크게 4개 시기로 나눌 수 있다. 첫 번째 시기는 1583년(선조 16)까지이다. 이해에 그는 승지로 있었는데, 동인과 서인 간 당쟁으로 인해 튄 불똥 때문에 파직을 당했다. 모두 15년 동안 승문원, 황해도도사, 경연관, 승지 등 중앙과 지방에서 근무했다. 파직을 당한 후에 부친 사망이 이어져서 3년 정도 관직에서 물러나 있었다.

　두 번째 시기는 1587년(선조 20) 10월에 안주목사에 임명되는 것으로 시작해서, 영의정에 재직하다가 1600년(선조 33) 물러난 시기까지이다. 모두 13년이다. 이 기간에 그는 재상에 발탁되어 임진왜란 때 크게 활약했다. 조선 개국 이래 처음으로 평안도감사에서 곧바로 우의정에 발탁되었고, 4도 체찰사로 전쟁을 수행하고 민생을 안정시키는 데 탁월한 성과를 보였다. 이 시기 이원익의 활동은 정치인으로서의 활동이라기보다는 탁월한 행정가로서의 활동이다. 이 시기 마지막인 1600년에 자발적으로 물러남으로써 정치적으로 류성룡과 진퇴를 함께했다. 아마도 스스로는 물론이고 다른 사람들도 그의 관직 생활이 이것으로 마감되는 것이라고 생각했을 것이다.

　세 번째 시기는 광해군 시기이다. 1600년에 은퇴한 이원익은 1608년 광해군의 첫 번째 영의정에 임명되어 다시 조정에 나왔다. 이 시기 이원익의 활동 내용으로 꼽아야 할 것은 두 가지이다. 하나는 경기선혜법 입법에 결정적 역할을 했다는 점이다. 다른 하나는 광해군과 계속 갈등했다는 점이다. 광해군 시기에는 정치적으로 많은 사건이 벌어졌다. 임해군과 영창대군이 귀양을 가서 살해되었고, 인목대비가 폐비되어 경운궁에 감금되었다. 이 사건들이 일어날 때마다 이원익은 광해군 및 그를 지지하는 북인北人 인사들과 갈등했다. 그는 계속해서 영의정에 임명되었지만, 한양에 머물면서도 계속해서 사직상소를 올렸다. 이 자체가 그의 정치 활동이었다고 보아야 한다.

이원익을 존경했고 개인적으로도 그와 가까웠던 이식李植 (1584-1647)이 작성한 이원익의 시장諡狀에 이 점이 지적되고 있다. "공은 관직에 있으면서 아무런 탈도 없는데 이유 없이 사직서를 올린 적이 한 번도 없다. 공이 병에 걸리지 않았는데도 병을 핑계로 인피引避[일에서 물러나 회피함]하며 들어간 경우가 있긴 하였으나, 그것은 필시 공의 바른말이 그대로 행해지지 않을 것이라고 여겼기 때문이다. 그리하여 구차하게 떠나려 하지는 않으면서도 그런 방법을 통해서나마 임금이 반성하여 깨닫기를 바란 것이었으니, 가령 혼조昏朝[광해군의 조정]에서 역옥逆獄을 일으켰을 적에 국청鞫廳에 참여하지 않았던 것이 그런 예의 하나라고 하겠다"라고 서술했다. 거듭된 사직서는 이원익의 정치 활동이었다.

마침내 1615년에 이원익은 강원도 홍천으로 귀양을 갔다. 4년 가까이 유배 생활을 하다가 유배가 풀린 후에는 고향에 돌아가지 않고 여주 앙덕리에 초가집을 엮어서 머물렀다. 광해군 시기의 절반은 영의정으로, 나머지 절반은 귀양 생활과 은둔으로 보낸 셈이다. 두 번째 시기 끝 무렵처럼 이원익은 이것으로 자기 삶이 마무리되리라 여겼을 것이다. 홍천 유배지에서 풀려 났을 때 그의 나이는 73세였다.

마지막 네 번째 시기는 인조 대이다. 인조반정으로 그는 다시 한번 영의정으로 소환되었다. 그의 나이는 이미 77세였다. 흥미롭게도 인조 대 그의 활동은 크게 보면 광해군 시기와 유사했다. 이 시기에 그의 활동으로 제일 먼저 꼽을 수 있는 것은 삼도대동법 실시이다. 인조반정 직후 산적한 중요 과제들 중에서 삼도대동법이 제일 먼저 추진되었던 것은 전적으로 이원익의 주장에 따른 것이다. 결과적으로 이 시기에 추진된 삼도대동법은 실패했지만, 후일 효종 초 대동법 성립에 확고한 기반이 되었다. 정치적으로는 인조반정의 중심세력인 서인들과 계속 갈등했다. 그럼에도 그 갈등이 광해군 때처럼 파행으로 흐르지 않았던 중요한 원인 중 하나는 인조 임금의 이원익에 대한 깊은 존경심이었다.

재상의 관직 활동은 정치와 행정 모두에 걸쳐있기 마련이다. 이원익 역시 그랬다. 전체적으로 보아서 이원익은 행정에 탁월한 면모를 보였던 반면에 정치에 대해서는 그만 못했다. 그런데 정치에서 유능하다는 것은 무엇을 뜻하는가? 아마도 그 것은 조정에서 강력한 자신의 정치세력을 구축하고, 임금에 대해서도 상당한 영향력을 미칠 수 있다는 뜻으로 해석할 수 있

을 것이다. 이원익은 조정에서 자신의 정치세력을 구축하지 못
했고, 그럴 의사도 없었다. 다만 그만의 방식으로 선조, 광해군,
인조 임금에 대해서 상당한 영향력을 미쳤다. 그들은 이원익의
일에 대한 탁월함과 헌신, 청렴결백함, 나라에 대한 충성 등을
잘 알고 있었다. 이 점 때문에 그들은 이원익의 말에 영향을 받
았던 것이다.

주석

1 사헌부, 사간원, 홍문관을 통칭하는 말이다. 조정의 언론을 주관하고, 임금에 대한
   간쟁과 관료들에 대한 비판, 탄핵을 임무로 한다. 본래는 사헌부와 사간원이 언론,
   간쟁, 탄핵을 주관했지만, 성종 때부터 홍문관도 그 기능을 수행했다. 이들 기관의
   관원을 언관(言官)이라 했다. 특히 사헌부와 사헌부를 양사(兩司)라 했고, 그 관원을 대
   간(臺諫)으로 통칭했다.

2 현재 평양시 대동강구역 능라 2동에 있는 여울. 고구려 때 평양성이 왕성(王城)이었으
   므로 평양성을 끼고 있는 여울이라는 뜻에서 '왕성탄'이라 불렸다.

3 성인(聖人)의 도(道), 곧 유교 문화.

4 적인걸(630-700)은 당나라 때 명신(名臣). 일찍이 영주자사(寧州刺史)로 선정(善政)을 베풀
   다가, 어사(御史) 곽한(郭翰)의 추천을 받고 조정에 나왔다. 명나라(1368-1644) 때까지도
   영주 백성들이 적인걸 사당에 제사를 올렸던 기록이 전한다. 『舊唐書』 권88, 『明史』
   권281.

5 송경(663-737)은 당나라 때 명상(名相). 광주도독(廣州都督)이 되었을 때, 백성들 초가집
   에 화재가 자주 발생하자, 기와를 구워 지붕을 얹도록 함으로써 불이 번지는 환란을
   막는 등 선정을 베풀어서, 백성들이 송덕비를 세워 그를 기렸다.

6 『선조실록』 권60, 28년 2월 1일.

7 『선조실록』 권60, 28년 2월 15일.

8 역적 등 나라의 큰 죄인을 신문하기 위해 왕명으로 설치한 임시관청.

9 임금의 명으로 신하들의 의견을 묻는 일.

참고문헌

강주진, 『오리대감, 이원익 소전』, 탐구당, 1990.

이정철, 『언제나 민생을 염려하노니』, 역사비평사, 2013.

함규진·이병서, 『오리 이원익 그는 누구인가』, 녹우재, 2013.